다시,
게으름

김남준

생명의말씀사

김남준 1993년 열린교회를 개척하여 담임하고 있으며, 총신대학교 신학과 교수로 가르치고 있다. 청소년 시절, 실존적 고민으로 혹독한 방황을 했다. 스물한 살 때 톨스토이를 읽고 기독교에 귀의했다. 아우구스티누스와 조나단 에드워즈, 칼뱅과 존 오웬을 오랜 세월 사숙했다. 인생길에서 방황하는 이들이 기독교에서 진리를 발견하고 사랑함으로 선하고 아름다운 삶을 살게 하는 것이 소원이다.

1997년 이래 기독교 출판문화상을 4회 수상했다(1997, 2003, 2005, 2015). 저서 중 약 40만 부가 판매된 『게으름』은 미국에서 *Busy for Self, Lazy for God*으로, 중국에서 『懶情』로 번역 출간되었다. 그 외에도 『죄아 은혜의 지배』, 『신학공부, 나는 이렇게 해왔다』, 『염려에 관하여』, 『아무도 사랑하고 싶지 않던 밤』 등 다수의 저서가 있다.

다시, 게으름

ⓒ 생명의말씀사 2021

2021년 5월 15일 1판 1쇄 발행
2021년 7월 5일 7쇄 발행

펴낸이 | 김창영
펴낸곳 | 생명의말씀사

등록 | 1962. 1. 10. No.300-1962-1
주소 | 서울시 종로구 경희궁1길 6 (03176)
전화 | 02)738-6555(본사) · 02)3159-7979(영업)
팩스 | 02)739-3824(본사) · 080-022-8585(영업)

지은이 | 김남준

기획편집 | 태현주
디자인 | 조현진, 윤보람
사진 | 김남준 외
인쇄 | 영진문원
제본 | 다인바인텍

ISBN 978-89-04-16752-4 (03230)

저작권자의 허락없이 이 책의 일부 또는 전체를
무단 복제, 전재, 발췌하면 저작권법에 의해 처벌을 받습니다.

다시,
게으름

각 장 첫머리에 인용된 성경 구절은 독자들에게 본문의 뜻을 정확하게 전달하기 위해 저자가 직접 번역한 것으로 'KNJ 私譯'이라고 표기하였습니다.

● 표시가 되어 있는 사진은 저자가 직접 촬영한 것입니다.

차례

서문	6
프롤로그	8
1 내 무덤의 비석	13
2 카르페 디엠 *carpe diem*	49
3 개미의 전설	73
4 선물 같은 오늘	105
5 초 치고 연기 뿌리고	131
6 시간은 다르게 흐른다	149
7 시크릿 약국	175
에필로그	208
참고 문헌	212

서문

가벼운 마음으로 쓴 책인데, 이토록 많은 독자들의 사랑을 받을 줄 몰랐습니다. 『게으름』은 2003년에 초판 인쇄된 후, 몇 가지 판본으로 도합 202쇄 약 40만 부가 팔렸습니다. 지금도 독자 여러분의 사랑을 받으며 꾸준히 읽히고 있으니 감사할 따름입니다.

그 후로 18년의 세월이 흘렀습니다. 세상은 많이 변했고, 이제 사람들은 그때에 비해서 책을 많이 읽지 않습니다. 어느덧 지식의 유통은 많은 부분에 있어서 책보다 인터넷에 의존하는 세상이 되어 가고 있습니다.

저는 곰곰이 생각했습니다. "왜 현대인들은 책을 읽지 않을까?" 1년 동안 현대 소설과 그동안 전혀 가까이 하지 않던 SNS 언어를 연구했습니다. 그리고는 두 가지 사실을 발견하게 되었습니다. 첫째는 요즘 독자들은 수식이 많은 긴 문장보다 간결하고 호흡이 짧은 문장을 좋아한다는 것이었습니다. 둘째는 논리적인 글보다는 감성적인 글을 좋아한다는 것이었습니다.

『다시, 게으름』은 이처럼 변화된 독자들의 취향에 맞추고자 새로운 문체를 채택하였습니다. 저에게는 매우 특별한 시도였습니다.

이렇게 하는 저의 바람은 오직 이것입니다. 독자들이 이 책을 읽으면서 그 내용들이 숨 들이마실 때 공기처럼 "후우읍", 가슴에 스며들어 갔으면 싶습니다. 또한 숨 내어 쉴 때 내뱉는 공기처럼 "푸우우", 마음으로부터 스스로 생각을 길어 올리게 하였으면 좋겠습니다.

세월은 가도 사실은 남는 것처럼, 시대가 바뀌어도 신앙은 살아 있어야 합니다. 변천하는 시대 속에서 불변하는 진리는 더욱 빛나야 합니다.

여러분이 이 책을 읽고 새로운 삶을 사실 수 있다면, 하나님께 영광이 될 것입니다. 보다 행복하고 뜻있게 사소서.

2021년 5월 15일
저자 김남준 드림

프롤로그

나는 손가락이 길다. 손바닥은 얇다.
가족들이 말했다.
손가락이 길어서 게으를 거라고,
손바닥이 얇으니 의지는 약할 거라고.
어린 시절. 나는 그런 사람이라고 믿었다.

아침이면 덜 깬 잠.
세숫대야에 물 받아서 두 손 담근다.
그대로 멍하니 있다. 한참 동안.
짝, 철썩!
할머니의 두툼한 손이 내 등짝을 갈긴다.
아이구, 그렇게 게을러서 뭘 해 먹고 살겠니.

청소년 시절.
어릴 적 게으름은 무기력으로 변했다.
삶의 의미를 못 찾았으니, 열정이 어디 있었으랴!
살아갈 이유를 못 찾았는데 무엇을 위해 부지런히 살랴?

내 인생. 시동 켜고 출발하지 않는 자동차 같았다.
갈 곳을 정하지 못했기에.

아무도 사랑할 수 없던 밤.

그때 내 인생이 그랬다.
자유 찾아 떠난 무신론자의 삶.
게으름에 가책을 느낄 대상도 없었다.
생사의 갈림길.
더 절박한 질문이 있었다.
To be, or not to be, that is the Question: *

---

* William Shakespeare, *The Tragedy of Hamlet*, in *Shakespeares Comedies, Histories, and Tragedies* (London: Isaac Iaggard and Ed. Blount, 1623), 265.

내가 누군지 알았을 때,
나 엄숙하도록 존귀함을 알았을 때,
하나님. 죽은 내 마음에 생명生命의 숨길 불어넣으셨다.

나를 울린 건 사랑이었다.
나를 지으신 이가 구원하셨으니,
잘못된 사랑 때문에 나는 게을렀던 거다.
생명은 모든 죽음에 항거하고,
사랑은 나태한 마음에 항쟁의 횃불을 든다.

째깍, 째깍, 뗑뗑….
저 시계 소리를 못 들을 때가 오겠지?
그때 비로소 시간이 생명이었음을 알게 될 거다.

이른 아침. 풀잎 끝에 맺힌 이슬.
햇살에 사라지는 건 어쩔 수 없다.
하지만 햇살에 반짝이기는 해야지 않겠는가?
그게 이슬의 영광이니까.

순간을 살아도 의미는 영원하다.
그 의미를 사랑하는 건 그분을 사랑하기 때문이다.
벌써 하루 해가 저문다.
인생도 저물겠지?

이제 겨우 어찌 살아야 잘 사는 건지 알 수 있을 것 같다.
아 참! 그런데, 내 몸이 따라 주려나?

1

내 무덤의 비석

예쁘지 않은 산. 험한 산자락.
아무도 돌보지 않는 몇 개의 무덤들.
여기저기 무너지고, 비석(碑石)들도 쓰러져 있다.
작은 비석 하나. 곧 쓰러질 듯 기울어져 있다.
그래도 비문이 있네! 어디 뭐라고 써 있나 한번 볼까?
"사람으로 태어나 그냥 있다가 죽었다."
어이쿠! 이런. 내 무덤의 비석이구나!
그냥 있다가 죽었단다.
나 몸으로 살았으나 의미론 그냥 있었단다.

게으름뱅이는 그 그릇 속에 그의 한 손을 집어넣고도
그것을 입으로 들어 올리기조차 아니한다.

טָמַן עָצֵל יָדוֹ בַּצַּלָּחַת גַּם־אֶל־פִּיהוּ לֹא יְשִׁיבֶנָּה׃

잠언 19장 24절, KNJ 私譯

한 남자.
배를 곯고 있다.
피골이 상접한 채 누워 있다. 일어날 기운도 없다.
그런데 그 옆 화로에서는 장작이 탄다. 활활.
가마솥에 물도 끓는다. 설설.

큰 바구니엔 씻어 놓은 쌀 가득. 희디희다.
그 위엔 큰 바가지도 얹혀 있다.
아니, 배고프면 밥을 해 먹지…. 쯧쯧.

꿈이었다.
나는 아닌데, 누구지?
게으른 자는 손을 그릇에 넣고도
입으로 올리길 괴로워한다더니
그 말이 꼭 맞는구나!

목표 없는 삶.
그건 했으면으로 시작해서 할 텐데로 끝난다.

1935년. 버트런드 러셀이 게으르길 권했단다.
그가 『게으름에 대한 찬양』이라는 책을 썼단다.

맞다. 그는 네 시간씩만 일하는 사회를 제안했다.
그러나 남은 시간 오락하고 낮잠 자자는 게 아니었다.
기계화로 절약된 시간을
과학과 미술, 문학과 학문, 의학과 교육,
더 많이 배우는 데 쓰자는 뜻에서였다.

러셀의 게으름.
진짜 게으른 사람들이 좋아하는 그 게으름이 아니었다.*
그건 더 의미 있는 삶을 살게 하기 위한 것이었다.
보다 뜻있는 인생을 보내라고.

열정熱情 없음.
그건 마음이 병든 증상이다. 감기 걸리면 콧물 나듯.
그래서 일하기 싫어하는 것도 고쳐야 할 질환이란다.
뭐? 힘들다고? 누구는 안 힘들까?

얼핏 보면,
노동은 형벌인 것 같다.
그러나 노동은 저주가 아니라 특권이다.

인간이 에덴동산에 그냥 있었으면 어찌 되었을까?
벌거벗고 과일이나 따 먹으면서 낮잠이나 잤을까?

아니다. 그랬더라면 거기가 어찌 낙원일 수 있겠는가?
좋은 경치, 맛있는 과일도 한두 달이지 지겹지 않았겠나?

그렇다. 노동은 죄에 대한 벌이 아니다. 노동은 신성하다.
다만 노동할 때 겪는 고통苦痛이 죄가 들어오며 생긴 거다.

◆

다리에 근육이 붙는다.
부지런히 등산을 다닌 보람이 있네.
오늘은 더 높이 올라가 봐야지!

예쁜 봄꽃들. 길가에서 나를 반긴다.
이른 아침 내린 봄비에 풀잎 더욱 푸르다.
산꼭대기 바위에 앉아 사색에 잠긴다.
기억. 사랑하는 사람들. 오랜만에 마음을 쏟아 기도했다.

---

* 버트런드 러셀, 『게으름에 대한 찬양』, 송은경 역
(서울: 사회평론, 2020), 32.

내려오는 길.
숲속에 앉았다. 책을 읽었다.
저 멀리 오름길 가로수의 그림자 길어진다.
마음이 부자가 된 기분이다
산허리에서 내려온다. 뉘엿뉘엿 해가 진다.

따뜻한 물에 샤워를 한다.
된장국에 나물 반찬, 저녁밥이 꿀맛이다.
잠깐 일기를 쓰고는 작은 침대에 몸을 눕힌다.
바흐의《평균율》피아노 소리가 자장가 소리 같다.*

---

* J. S. Bach 작곡,《평균율 클라비어곡집 제1권, 1번》(The Well-Tempered Clavier Book I, No. 1: Prelude and Fugue in C Major, BWV 846), Lang Lang 연주.

피곤하다.
팔다리가 노곤하다.
그런데 머리는 맑다.
달콤한 피로감에 기분이 좋다.

노동에 고통이 들어오기 전,
사람들 하루 일하고 난 느낌이 그랬을 거다.
매일 하는 일이 사랑하는 분 섬기는 일 아니었던가?
그래서 노동은 달콤했을 거다. 육체도 완전했을 테니까.

탁, 쨍그랑!
손에서 화병을 떨어뜨렸다. 깨졌다.
흩어진 도자기 파편. 때늦은 후회.
깨진 조각들 끝이 날카롭다.
아아, 내가 얼마나 아끼는 건데….
어쩔 도리가 없다. 흩어진 조각들 다시 붙일 수 없다.

불순종했을 때.
창조주와의 관계가 그렇게 깨졌던 거다.
모든 아름다운 조화가 다 깨졌다.
영혼에서부터 우주에 이르기까지.

거기서 노동의 고통이 시작됐으니,
깨진 마음으로 망가진 세상에서 살아야 했기 때문이다.

그 조화調和가 송두리째 사라지지는 않았기에,
이렇게 살아 있는 거다.
노동에서 보람도 느낄 수 있는 거다.

그 이전.
노동은 불사不死의 몸에 희열을 느끼게 했을 거다.
하나님을 알고 사랑했기 때문이다.
그 사랑 따라 일하는 게 사는 것이었으니,
어찌 행복하지 않았으랴!

사지를 못 쓰는 건 몸이 망가졌기 때문이다.
생활이 게으른 건 마음이 망가졌기 때문이다.
열렬히 살 수 없는 것은 마음의 질병.
영혼에 이상이 생긴 거다.

몸의 병은 약으로 고쳐진다.
마음의 병은 무엇으로 고칠까?

모든 열정은 사랑에서 비롯된다.
조나단 에드워즈.
열정은 영혼靈魂의 활발한 움직임이란다.
영혼의 의지와 경향성이 행사되는 거란다.*

하하, 영혼이 움직이는 물건이더냐?
유치해 보인다. 아마도 알아듣지 못하는 우리 위한
눈높이 설명일 게다.

젊은 시절.
나는 빗나가 열정을 비핀했다.
우쭐한 마음에서가 아니었다.
우리의 값진 마음. 과녁을 빗나가듯이,
딴 데로 날려 버릴까 염려해서였다.
소중한 인생 낭비할까 걱정했기 때문이다.

이제는 빗나간 열정조차 보기가 어렵다.
뒤집지 않은 빈대떡처럼
아래는 타고 위는 설익었다.
세속적인 것에는 죄짓기까지 뜨겁고,
신령한 것에는 무심하기까지 차갑다.
어쩌다 신자들이 이리도 변했을까?

◆ ◆

햇빛은 쨍쨍. 모래알은 반짝.
넓은 옥상 빨랫줄. 고추잠자리 한 마리 내려앉는다.
우와! 노란 무말랭이 같은 게 지붕 가득 널려 있다.
그게 다 고구마 썰어서 찐 거란다.
반죽할 녹말가루 직접 만들어 쓴단다.

어느 도시의 유명한 냉면집이다.

반죽 제자, 육수 제자, 고명 제자.
그 유명한 주방장에게 배우는 제자들 셋이란다.

---

* "영혼의 경향성과 의지의 행사들은 그 종류가 다양한 것만큼이나, 그 정도에 있어서 매우 여러 가지이다. 좋아함이나 싫어함, 따르는 경향성과 거부하는 경향성의 행사들이 있다…." Jonathan Edwards, *Religious Affections*, in *The Works of Jonathan Edwards*, vol. 2, ed. John E. Smith (New Haven: Yale University Press, 1959), 96.

닫힌 식당 문. 깊은 밤.
불 꺼진 홀 뒤쪽 주방 천장엔 형광등 달려 있다.
끓는 국솥에서 김이 난다.
가뜩이나 졸린 듯 보이는 불빛. 그 김에 자꾸 가린다.

구슬땀 흘리며 반죽을 한다.
쯧쯧, 반죽 기계를 쓰시지.
스위치 한 번 누르면 다 해결될 텐데.

주방장은 고개를 젓는다.
손으로 치대야 제맛이 난단다.
음식은 정성입니다요. 정성!
대가의 고집인가?

이튿날 아침.
오전 시간부터 밀려오는 손님들.
주방장은 삶은 면에 국물을 담는다.

기자가 묻는다. 힘들게 일하시는 보람이 뭐냐고.
저희 가게 오신 손님들 맛있게 드실 때가
젤루 보람 있다 아임니꺼.
활짝 웃는 주방장의 얼굴. 다큐는 끝났다.

어디에 숨고 싶다.
아아, 나 태어나 어디에 저런 열정을 쏟아 봤나?
내 설교 한 편 만드는 데 들이는 열정.
냉면 한 그릇 만드는 것만도 못하구나.

까투리 생각이 난다.
포수 만날 때, 무서워 엉덩이 치켜들고
머리만 낙엽 더미 속에 묻는다는 새 말이다.
열정 없음이 질병이라는 말에 고개를 떨군다.

하루 종일 기운이 없단다.
뭐 하고 싶은 것도 없단다.
딱히 어디 가서 놀고 싶지도 않단다.
그 마음 어디서부터 생긴 병일까?
육체의 게으름은 영혼의 싫증에서 비롯된다.*

존 로크의 『교육론』.
게으름이야말로 가장 나쁜 성격이며,
타고난 성격이라면 고치기 가장 어렵단다.
그건 무기력하고 무성의한 것이며,
아무 일에도 관심이 없고
자기 일조차 시시하게 여기는 기질이란다.**

게으름의 뿌리는 싫증이다.***
싫증. 사랑과 미움 사이 중립 지대다.
감정으로는 짜증과 신남 중간에 있다. 권태 구간이다.

---

* 김남준, 『게으름』 (서울: 생명의말씀사, 2019), 35.

** 존 로크, 『교육론』, 박혜원 역 (서울: 비봉출판사, 2020), 205. 17세기 영국에 존 로크의 『교육론』(Some Thoughts Concerning Education)이 있다면, 16세기 조선에는 이율곡의 『격몽요결』(擊蒙要訣)이 있다. 전자는 나라를 이끌 신사(gentleman)를, 후자는 군자(君子)를 길러 내기 위한 책이었다.

*** 김남준, 『싫증』 (서울: 생명의말씀사, 2010), 16–17.

강물 따라 올라가던 배.
흘러 내려가지도 않고 거슬러 올라가지도 않는 지점에 있다.
작은 배 한 척. 강물 따라 떠내려간다.
강 하구. 강물은 의식이 없다.
어디로 가는지도 모른 채, 높은 곳에서 낮은 곳으로 흐른다.

시간時間의 강물.
그 위에 떠 있는 인생은 쪽배. 사공은 누워 잔다.
아아, 임자 없는 빈 배처럼 떠내려간다.
보는 나는 가슴 아픈데, 배에 탄 자는 말이 없다.

뺨에 붙은 검은 파리 귀찮은 듯 쫓으며,
그 배 위에서 자던 잠 계속 잔다.
마치 잠들기로 운명지어진 것처럼.
어어어, 저러다 어디로 흘러갈까?
어떻게 돌아오려나?

◆◆◆

예쁘지 않은 산. 험한 산자락.
아무도 돌보지 않는 몇 개의 무덤들.
여기저기 무너지고, 비석碑石들도 쓰러져 있다.

봉분의 잡초는 탈모증 신사가 아끼는 한 줌의 머리카락.
황토는 굵은 모래들만 남긴 채 비에 쓸려 갔다.

작은 비석 하나. 곧 쓰러질 듯 기울어져 있다.
그래도 비문이 있네! 어디 뭐라고 써 있나 한번 볼까?

"사람으로 태어나 그냥 있다가 죽었다."

어이쿠!
이런, 내 무덤의 비석이구나!
그냥 있다가 죽었단다.
나 몸으로 살았으나 의미론 그냥 있었단다.

내가 게으르게 살았더니 자식들도 날 닮아
지 애비 무덤도 안 돌보는구나.
하긴 맞지. 나 평생 게으름 속에 지리멸렬하게 지냈지.

그건 살다가 죽은 게 아니라 그냥 있다가 죽은 거란다.
그럼, 살지도 않을 나는 왜 태어났나?
세상에 있었으나 살아가지는 않았으니,
몸으로는 있었으나 정신으로는 산 적이 없었던 거다.

◆◆◆◆

맛있는 짜장면. 그걸 1,000군데 중국집에서 먹어 봤단다.
전국을 누볐단다. 연천에서 마라도까지.
그의 입에서 짜장면 얘기가
자르지 않은 면발처럼 한없이 나온다.
언제 끝나려나. 말의 면발로 팔도를 휘감고 돈다.
짜장면은 검은 소스 아래 있고,
그의 입가에는 하얀 거품이 있다.

그런데, 그래서?
그 맛있는 짜장면 먹고 힘내서 다음에 먹을 집을 찾았다고?
늙어서 돌아다닐 힘 없을 땐, 무슨 낙으로 살까?

영원한 그분을 떠났기에, 사라질 것들 사랑하게 된 거다.
타락하기 전에나 후에나 사랑은 그대로였으니,
방향方向이 바뀌었을 뿐이다.

참된 사랑 대신 헛된 욕망으로 향했다.
영원한 것 대신에 시간적인 것을 향해 살게 되었다.
삿된 욕망을 따르려고 정해진 질서를 뒤집었다.
창조하신 분은 아래 두고 피조물인 자기는 위에 두었다.
거기서 인간의 불행이 시작된 거다.

이런 말 들어 봤나?
부지런한 강도. 성실한 사기꾼. 훌륭한 폭력배.
그게 말이 안 되는 이유는 뭘까?
그들이 하고 있는 일이 선한 일이 아니기 때문이다.
뒤집힌 질서를 따라 열심히 사는 건 부지런한 게 아니다.

멋진 자동차.
품질, 속도, 승차감 뛰어날지라도,
가는 목적지가 다르면 합승을 하겠나?

부지런하게 사는 사람도 게으른 사람일 수 있단다.
쓸모없는 일에 바쁘고 마땅히 할 일에 게으르기에.
자기 욕심엔 바쁘고 이웃 사랑엔 게으르기에.

진리眞理를 깨달은 보람.
가치 있는 것을 사랑하게 된 거다.

뭐라고? 진리가 없다고?
그렇게 선언하는 지가 진리 노릇하고 있구먼….
이보게, 다른 건 몰라도 이것만은 분명하네.
그대는 진리가 아닐세!

김소월《못 잊어》내 마음에 메아리로 울려 퍼진다.*
미친 듯 떠나도 그분의 품이 그리운 건 무엇 때문일까?
저기 불타는 저녁노을은 토혈吐血의 그리움이다.

진리는 부지런하게 살아야 할 이유를 갖게 한다.
참으로 진리를 알면 사랑하게 되기 때문이다.
말씀이 진리다.
그걸 주신 분. 알고자 하는 자에게 보이신다.
하나님을 아는 것, 그게 사람의 본분이다.

---

* 김소월 작시, 조혜영 작곡, 《못 잊어》, 임채욱 노래.

마음과 뜻 게을리하고 몸가짐 함부로 한다고?
한가하고 편한 것만 생각하고 매이는 건 싫다고?
진리를 탐구하기에 적합하지 않단다.
항상 움직이고 돌아다니는 것만 좋아하고
마음의 고요함을 지킬 수 없다고?
그 또한 진리를 탐구하기 적합하지 않단다.
이율곡이 그랬다.*

진리를 알면,
많이 가치 있는 건 많이 사랑하고
조금 가치 있는 건 조금 사랑한다.
하위의 사랑들은 최고의 사랑 아래에 매달린다.

기독교에 귀의歸依한 것.
이 사랑의 질서를 깨달은 거다.

질서는 사물이나 조리條理가 올바르게 행해지도록
정해진 순서나 절차다.**
이것 때문에 모든 사물과 사고가
혼란 없이 작용하는 거다.

신앙생활. 진리로 깨달은 질서대로 사랑하려는 것이다.
인생살이. 사랑으로 그 질서를 펼치며 사는 거다.

흩어진 사랑.
갈피를 잡을 수 없는 시간 속에 나는 부서지고,
소란스러운 변화.
내 영혼의 깊음 속에서
생각은 갈가리 찢겨 파편이 되나이다.
당신 사랑의 불길로 정결해지고
내 마음 녹아내려 당신과 하나되기까지.
아우구스티누스가 그랬다.[***]

찢어진 마음은 여럿이니 거기엔 질서가 없다.

[*] 이이, "격몽요결"(擊蒙要訣), 『성학집요/격몽요결』, 고산 역해 (서울: 동서문화사, 2011), 531.

[**] 국어국문학회 편, 『국어대사전』(서울: 민중서관, 2001), 2356.

[***] "지금 나의 세월은 신음 속에 흘러가고 있사옵나이다. 당신만이 나의 위로이시며 주님이시며 내 영원한 아버지시니이다. 당신 사랑의 불로 정화되고 녹아내려서 당신과 하나 되기까지, 나는 질서를 알 수 없는 시간 속에 산산이 부서져 있고, 나의 저 깊은 심령은 생각들 곧 여러 가지 혼란스러운 것들로 인해 산산이 찢기고 있나이다." Avrelivs Avgvstinvs, *Confessiones*, 11. 29. 39, in *Corpvs Christianorvm Series Latina*, vol. 27 (Tvrnholti: Brepols, 1996), 215.

질서 없는 사랑엔 미친 기운이 있다.
세상에 미친놈 당할 온전한 사람 없다는 말도 있지 않은가?
힘으로 통제하든지 피해 가든지 둘 중 하나다.

그 미친 기운. 내 마음에도 있구나!
내 마음이 내 마음에 명하는데 말을 듣지 않는다.*
저희들끼리 싸움질하는 통에 내 속이 잠잠할 날 없다.
내 마음 병들어서다.
아아, 사는 것의 고단함이여!

* "정신이 육체에게 명령하면 즉시 따르지만…정신이 정신에게 무엇을 하라고 명령하면, (그것은 정신이 육체에 명령하는 것과) 다르지 않지만 그렇게 하지 않나이다"(*Imperat animus corpori, et paretur statim…Imperat animus, ut uelit animus, nec alter est nec facit tamen*). Avrelivs Avgvstinvs, *Confessiones*, 8. 9. 21, in *Corpvs Christianorvm Series Latina*, vol. 27 (Tvrnholti: Brepols, 1996), 126.

◆◆◆◆◆◆

내 안에 두 마음이 있다.
게으르게 살려고 하고, 또 열렬히 살고자 한다.
나는 누구 편을 들어야 하나?

늦은 저녁. 세차게 바람이 분다.
오늘 따라 낯설게 느껴지는 거리. 나는 옷깃을 올린다.

외로움이 엄습한다. 내가 남인 듯한 낯섦이다.
이게 다 내 마음의 무게이니, 곧 욕심慾心의 무게다.

신앙은 사랑이다.
마음은 영에 이끌려 가장 높으신 분께 이르도록 상승한다.
솟구쳐 올라가는 사랑에,
땅에 붙었던 욕심들이 떨어진다.
가을바람에 흩날리는 낙엽처럼,
어떤 건 허공 돌다 천천히, 또 어떤 건 곧바로 떨어진다.

상승하는 사랑의 기쁨에,
두고 가는 집착이 아깝지 않다.

이리저리 굽은 길.
높은 빌딩 꼭대기에서 내려다본다.

차들이 물결처럼 굽이쳐 흐른다.
전조등, 후미등.
이쪽엔 은빛 물결, 저쪽엔 핏빛 물결.

옥상 난간에 바싹 다가선다.
나는 고개를 앞으로 더 숙인다.
점點. . . . 개미 인간.
길 따라 이리저리 움직인다.
그 아래 있으면 자신도 개미 같은 줄 잠시 잊는다.

하늘 높이 올라갔던 마음. 천천히 다시 내려온다.
그 아래로 사랑의 질서를 다시 정한다.
내 마음에 있는 하나님 사랑이 시킨 거다.

올라가는 사랑에 땅에 붙었던 욕심이 떨어지고.
다 올라간 기쁨에 내 버린 욕심이 아깝지 않다.
마음은 깃털처럼 가볍다.

하나님이 보신다.
땅에 있는 사람이나 높은 건물 옥상에 있는 이.
모두 다 같은 인간인 줄 왜 모를까?

가치의 수준을 다시 정한다.
사랑의 차서次序.
진리가 원래 그런 역할을 하는 거다.

사랑하는 게 바뀌면 사람도 달라진다.
사랑이 무질서한 게 악惡이니,
그 사랑 질서 있게 되면 죄가 어찌 깃들겠는가?

요양 병원이다.
봄볕이 따스한 날. 심방을 갔다.

중풍으로 거의 기동 못하는 노인.
뜻밖에 찾아온 나를 반갑게 맞는다.

이제 병실을 떠날 시간.
나는 그의 손을 잡고 물었다.
뭐라도 필요한 게 있으세요?

가느다란 두 손으로 내 손목 꼭 잡는다.
목사님, 교회에 너무 가고 싶어요.
어린아이처럼 서럽게 운다.
내 마음이 찢어지는 듯하다.

이번 주일 예배에는
그대들이 업어서라도 모시고 오게.
젊은 교역자들이 고개를 끄덕인다.

병원문을 나왔다. 풍경이 흔들렸다.
파란 하늘과 흰 구름, 길가의 풀밭과 족발집 붉은 간판.
저 멀리 어린이 놀이터 그네가 타는 이 없이 흔들거린다.
바람도 불지 않는 날인데….
내 눈에 고인 눈물 때문이었다.

아아, 내일은 나의 날이 아니구나!
저 노인도 젊을 때는 그리 교회 오고 싶어하지 않았는데.

사람들은 오늘이 계속될 줄 알며 산다.
그저께가 가니 어제가 왔고, 어제가 가자 오늘이 왔으니,
오늘이 가면 또 내일이 오겠지. 그건 추측일 뿐이다.
어제 죽은 사람도 오늘을 맞을 줄 알았을 거다.

내일 맞이할 줄 아는 사람
오늘 떠나도 이상한 게 아니다.
본인에게만 이상하겠지.
매일이 마지막 날이니, 그걸 안다면 게으를 수 없을 게다.

하얀 국화꽃 테두리의 액자.
그 영정 사진 속에 내가 있다.

오늘이 그날이 아니다. 다행이다!
이날이 살아 있는 마지막 날인 것처럼 살자.
그러자! 내 마음이 영혼의 타이름을 기뻐한다.

애들아, 죽으면 썩을 살이란다.
일 좀 하거라. 부지런히 살거라.
우리가 게으름 피울 때 할머니가 자주 하신 말씀이다.

◆ ◆ ◆ ◆ ◆ ◆ ◆

검정색 나무관.
나는 거기에 눕혀졌다. 어깨 끝이 양쪽 판자에 닿는다.
속에는 칠도 하지 않았다.
싸구려 소나무 판자로 짠 거다.

잠시 후.
누군가 조용히 뚜껑을 덮는다. 못을 박는다.
적막이 감돈다. 침묵이 흐른다.
두 가닥 밧줄에 매달려 땅속으로 내려간다.

후두둑, 후두둑. 털썩. 쿵.
단단히 못 박은 관 위에 흙이 쏟아진다.
다시 보지 못할 마지막 햇빛.
판자 이음새 사이로 비친다.
그 빛 천장에 드리운 명주실 같다.

여러 사람이 우는 소리 들린다.
누굴까? 서너 사람이 관 위에서 흙을 밟는다.
발자국에 맞춰 구슬픈 장송곡葬送曲이 들린다.

가자, 가자, 어서 가자. 북망산천 찾아가자.
이래 갈 줄 내 몰랐다. 언제 다시 만나 볼꼬.
북망산천 머다더니 내 집 앞이 북망일세.

흙이 다져진다.
완전한 침묵에 덮인다.
나. 사랑한다던 사람들의 기억 속에서도 사라진다.
그들은 일상으로 돌아간다.

어둔 밤.

나 홀로 산에 남는다.

카프카의 『변신』.

죽어 가던 그레고르의 심정을 알 듯하다.*

---

* 오스트리아-헝가리 제국의 유대계 작가로서 실존주의 문학의 선구자였던 프란츠 카프카(Franz Kafka, 1883-1924)의 대표 소설이다. 어느 날 주인공 그레고르가 커다란 곤충으로 변해서 겪는 이야기를 통해 인간의 회피할 수 없는 소외를 다뤘다. 그레고르는 아버지가 던진 사과에 맞아 앓다가 죽고, 가족들은 시체를 치운 후 아무 일 없었다는 듯 소풍을 가는 것으로 끝난다. 프란츠 카프카, "변신", 『변신·시골 의사』, 전영애 역 (서울: 민음사, 2005), 54-78.

아아, 그렇다.
오늘만 진짜 있는 날이고,
내일은 덤으로 주어지는 날이구나.
어제 죽은 자가 그저께는 문상객이었단다.

있는 것들은 모두 시간 속에 사라지고
나의 육신 또한 그러하리니,
없어질 것보다 영원히 계신 분을 위해 살자!

오늘 하루만 나의 날이다.
항상 있으신 하나님 사랑의 품 안에서 오늘을 살아내자.
살아 있는 한, 살아가야 하지 않는가?

하얀 눈이 세상을 덮었다.
순백純白의 세상. 깨끗해서 좋다.
쌓인 눈 날리는 겨울바람에 마음 더욱 시리다.

2

카르페 디엠 *carpe diem*

카르페 디엠(*carpe diem*)?
라틴어. 그날을 붙들라는 뜻이다.
로마 시인 호라티우스의 『송가』(*Odae*)에서 시작됐을 거란다.
우리가 이야기하는 동안에도 시샘 많은 시간은 흘러가나니,
그날을 붙들란다. 할 수 있는 한, 내일을 믿지 말고.

게으를 때 서까래는 주저앉고 두 손을 놀게 할 때 그 집은 (비가) 샌다.

בַּעֲצַלְתַּיִם יִמַּךְ הַמְּקָרֶה וּבְשִׁפְלוּת יָדַיִם יִדְלֹף הַבָּיִת׃

전도서 10장 18절, KNJ 私譯

외딴 산골에
작은 집 하나 갖고 싶다.
거기서 아주 살기는 싫다. 새 집도 싫다.
다 쓰러져 가는 집.
누가 살다가 버리고 간 집이래도 좋다.
최소한으로만 수리한다.

아담한 방 하나. 작은 책상 하나.
거기서 조용히 글을 쓰고 싶다.
차 타고 지나가는 시골길.
그런 집들이 여기저기 눈에 띈다.
1년에 한 달만이라도 그럴 수 있으면 좋으련만.

금방 알 수 있다.
누추해도 사람이 살고 있는 집.
멀쩡해도 주인이 버리고 간 집.
멀리서도 사람의 온기가 느껴지지 않는가?

게으른 자의 집을 보라다.
서까래는 내려앉았고 지붕에선 비가 샌단다.
서까래. 추녀를 구성하는 가늘고 긴 목재다.
지붕 떠받치며 갈비뼈처럼 배열된다.

대들보. 작은 보에서 전달되는 하중을 떠받친다.
기둥과 기둥 사이를 건너질러 지붕을 떠메고 있다.
대들보는 아름드리 큰 목재다. 수리하는 법이 없다.
그거 수리할 정도면 이미 집이 무너졌을 것이기에.
하지만 팔뚝만 한 서까래. 세월 흐르면 바꿔줘야 한다.
썩기도 하고 낡기도 하니까.
그 집 주인 게으른 것. 서까래 보고 안단다.

전도자가 말한다.
헛되고 헛되니 모든 것이 헛되도다.
흐음…, 모든 게 헛되다면서, 뭘 그리도 많이 가르치시나?
이리 살라 저리 살라. 요구 사항도 많다.

하지만 기억하자.
그는 단지 인생의 허무를 말하고 싶었던 게 아니다.
허무주의자가 아니었기에.
그 이상의 무엇을 말하고 싶었던 거다.

지혜智慧다!
지혜롭게 살라는 거다.
가장 높으신 그분을 경외한다는 것.
그건 두려워하면서도 사랑한다는 거다.
떨리는 두려움과 이끌리는 사랑이다.

사랑하면 그분의 질서秩序를 받아들인다. 그게 지혜다.
그러니 그분 사랑함 없이 지혜가 어디 있을까?
인생 허무한 줄 알면 까불지 않는다.
그의 마음 달뜨게 할 헛된 야망 사라지기에.
전도자. 그럴 때 어떤 삶 살게 될지 보여 주고 싶었던 거다.

그 지혜.
하나님 사랑함에서 온다.
허무하게 살고 싶다고?
그건 특별히 노력할 게 없다.
참되게 살고 싶다고?
그리 살기 위해선 애쓸 게 많다.
오늘 지혜로운 건 어제 생각하며 살았기 때문이다.
오늘 생각 없이 살면 내일은 미련하게 살겠지?

◆

예쁜 전원주택.
잘 가꾼 잔디밭이 참 예쁘다.
뒤뜰에는 푸른 채소 가득한 텃밭.
예쁜 카페 같은 거실 앞엔 테라스가 있다.

깨끗하고 넓은 응접실.
높은 천장에 긴 연통. 벽난로가 멋스럽다.
고급 레스토랑 같은 주방에선,
크고 맑은 창 너머로 푸른 숲 사이 강이 보인다.
남이 올려놓은 영상이다. 참 예쁘지 않나?

하지만, 그 집.
아름다운 사진 되기까지 주인 허리가 휜다.
아침부터 쓸고 닦고, 땅 파고, 화초 가꾸고,
쭈그려 앉아 잡초를 뽑는다.
하루 종일 쉴 틈이 없다.

하얀 털 예쁜 개 세 마리 정원에서 뛰어논다고?
그림 같다고?
쯧쯧, 집주인의 육체적 삶의 질은 떨어질 게다.
거기에 보람을 느끼지 못하는 사람.
그런 전원주택에서 오래 못 산다.
거기서 노동의 보람을 찾는 사람만 살 수 있다.

서까래가 썩어 버렸고 천장은 내려앉았다.
그 위 지붕엔 흙먼지 쌓인다.
군데군데 주저앉다가 결국 무거운 한쪽이 무너진다.
지붕에 큰 구멍 생긴다.

아, 이제야 알겠다.
왜 폐가의 지붕이 폭탄 맞은 듯 구멍 뚫렸는지를….

비 오는 날이면 여기저기 물 샌다.
그런데도 집주인 낮잠만 잔다. 메밀 베개 돋워 고이면서….
그는 누구일까?

◆ ◆

팔복산이다.
산 위 높은 곳에 앉으신 예수.
진리의 말씀 듣고자 사람들 많이 모였다.
백성들에게 말씀하신다.

과묵하신 분. 입을 여시자 말씀이 흘러나온다.
샘물처럼 솟아난다. 개울을 이루고 강물처럼 흘러간다.
쏟아지는 하늘 말씀에
듣는 이들 마음 진리에 취한다. 꽃향기에 취하듯.

침묵이 흐른다.
얼마나 시간이 흘렀을까?
길고 긴 설교가 마무리된다.

산에서 울려 퍼진 설교 마지막.
그 말씀이 집 짓는 얘기다.

약 2,000년의 간격. 이게 우연일까?

그 말씀 듣고 행하는 자.
반석 위에 집 짓는 사람이란다. 지혜롭단다.
듣고 행치 않는 자.
모래 위에 집 짓는 사람이란다. 어리석단다.*

무슨 집일까?
그건 우리 인생人生의 집이다.
산다는 건 집을 짓는 것과 같다.

* "그러므로 누구든지 나의 이 말을 듣고 행하는 자는 그 집을 반석 위에 지은 지혜로운 사람 같으리니" (마태복음 7장 24절).

부자. 하루아침에 되지 않는다.
벼락부자? 없진 않지만,
그건 가난한 사람들 좋아할 소설에나 나오는 얘기다.

부자에겐 그들만의 습관이 있단다. 생각의 습관이다.
가난한 사람은 돈 버는 재능 가진 사람이
따로 있다고 생각하고,
부자는 누구나 부자가 될 수 있다고 생각한단다.
가난한 사람은 불안한 마음을 채우려고 돈을 쓰지만,
부자는 돈 쓰는 것과 감정을 분리한단다.*
부자에겐 그들만의 행동 양식이 있단다.

돈 관리.
가난한 사람은 숫자 따지지만,
부자는 돈의 흐름을 중시한단다.
부자는 밥 잘 사지만, 사 주는 기준이 명확하단다.**

가난한 자는 순간에 그리될 수 있지만,
부자는 우연히, 며칠 만에 되는 게 아니란다.

수적석천 水滴石穿.
학자에게는 바위에 물방울 떨어뜨려
구멍을 낸다는 믿음이 있단다.***

뛰어난 학자? 그게 금년의 목표로 세울 수 없는 거란다.
고매한 인격자? 그게 한두 해에 이루어졌겠는가?

고쳐지지 않는 내 마음은 바위보다 단단하다.
하루에 변화될 리 없다.
그러나 그분의 은혜恩惠로 가능하다. 새 마음을 주신단다.
굳은 마음을 제거하고 부드러운 마음을 주신단다.****

---

* 명정선, 『부자의 습관·빈자의 습관』 (서울: 한스미디어, 2019), 13, 59.

** 가야 게이치, 『부자의 습관』, 김지윤 역 (서울: 비즈니스북스, 2017), 32, 59.

*** 홍자성, 『채근담 1/2』, 임동석 역주 (서울: 동서문화사, 2010), 365-366.

**** "또 새 영을 너희 속에 두고 새 마음을 너희에게 주되 너희 육신에서 굳은 마음을 제거하고 부드러운 마음을 줄 것이며"(에스겔 36장 26절). 히브리어에서 직역하면 '굳은 마음'(לֵב הָאֶבֶן, 레브 하에벤)은 '그 돌의 마음'이고, '부드러운 마음'(לֵב בָּשָׂר, 레브 바사르)은 '살(flesh)의 마음'이다. 인간 스스로 고칠 수 없는 마음을 성령께서 변화시키신다. 김남준, 『마음지킴』 (서울: 생명의말씀사, 2015), 235-237.

◆ ◆ ◆

위이잉, 털컥.
동네 어귀. 인형뽑기 가게.
한 손님 능숙한 솜씨로 성공한다. 쉴 새 없다.

수북이 쌓인 인형들.
보다 못한 주인이 다가온다. 곤혹스런 표정.
만 원 지폐 한 장 손에 쥐어 준다.
손님, 부탁입니다. 이제 그만하시죠. 우리도 좀 먹고삽시다.
얼마나 많이 해 봤을까?
그 정도 경지에 오르려면 500만 원쯤 썼을 거란다.

황토 테니스 코트.
지표면을 흙으로 만든 코트다.
황토 중에서도 마사토磨砂土를 써야 한단다.
지름 0.002mm 이하, 점토분이 12.5% 이하인 입자로 된 흙이란다.
화강암이 풍화되어 생긴 흙이란다. 고운 바윗가루?

매일 무거운 바위 롤러로 밀어 고르게 해야 한단다.
그렇지 않으면 바닥이 울퉁불퉁해진단다.
경기를 할 수 없단다.

늘씬한 몸매.
운동하는 폼이 멋지다!
까치발로 몸 세워 내리꽂는 서브.
총알 같이 날아간다.
상대 선수. 리시브를 하다가 넘어진다.
호르륵! 심판이 깃발을 든다. 아웃!

어쩌면 저렇게 잘할까.
대략 30,000번.
그쯤은 해 봐야 그런 멋진 서브 폼이 나온단다.

게을러도 괜찮아.
노는 자가 이긴다.
인류 역사는 놀던 사람들이 바꿨단다.
외친다. 열심히 사는 건 바보다.
오늘을 즐겨라. 놀다 죽은 귀신은 때깔도 곱다.

그런 말. 이미 가진 자들, 벌써 이긴 자들이 하는 거다.
주체적으로 사는 사람. 그런 남의 얘기에 감동받지 않는다.

◆◆◆◆

카르페 디엠 *carpe diem*?
라틴어. 그날을 붙들라는 뜻이다.
로마 시인 호라티우스의 『송가』*Odae*에서 시작됐을 거란다.
우리가 이야기하는 동안에도 시샘 많은 시간은 흘러가나니,
그날을 붙들란다. 할 수 있는 한, 내일을 믿지 말고.*
어제와 내일 생각하지 말고 오늘을 즐거워하자는 얘기다.
창문 넘어 도망친 100세 노인의 충고 같지 않나?**

그걸 오늘 게으르게 살자는 구호로 삼는다고?
어허, 이보시게. 그대, 내일은 호구虎口가 될 걸세.

---

* "우리가 이야기하는 동안에도 시샘하는 시간은 흘러갈 것이다. 이날을 붙들라. 가능한 한 내일을 적게 믿으면서"(*dum loquimur, fugerit invida aetas: carpe diem, quam minimum credula postero*). Horace, *Odes*, 1. 11, in *Loeb Classical Library*, vol. 33, trans. Niall Rudd (Cambridge: Harvard University Press, 2004), 44–45. 호라티우스(Quintus Horatius Flaccus, BC 65–BC 8)는 고대 로마의 유명한 시인이었다. 서정시와 풍자시로 유명했다. 『송가』(*Odae*)는 그의 대표작이다.

** 요나스 요나손, 『창문 넘어 도망친 100세 노인』, 임호경 역 (파주: 열린책들, 2014).

라디오 앞에 앉은 고등학생.
양 갈래로 묶은 단발머리 예쁘다.
혼자서 목소리를 가다듬는다.
날계란 깨뜨려 먹는다. 벌써 세 개째.

아아, 마이크 테스팅!
두 손에 숟가락 거꾸로 들고 이 말 저 말 떠든다.
SBS 여덟 시 뉴스 앵커나 된듯이.
봄, 여름, 가을, 겨울, 지겹지도 않나?
왜 그럴까? 아나운서 지망생이다.
물론 꼭 된다는 보장은 없다.

꿈은 순간에 깨지만
그 꿈이 이뤄지는 건 순간에 되지 않는다.

집주인은 게을렀다.
서까래가 내려앉고 지붕에 비 샐 때 내버려 두었다.
집은 점점 흉가凶家처럼 변해 갔다.

참, 오랜 세월 게으르게 살아왔구나.
그 집. 부지런해도 고칠 수 없는 때가 온다.
너무 늙고 병들면 의사도 소용없듯이 말이다.

저녁마다 만나는 할머니.
작은 손수레 끌고 지나가신다. 안쓰럽다.
가끔 박스를 모아다 가져가시기 좋은 곳에 둔다.
꼬부랑 할머니. 헐렁한 바지에 가냘픈 다리.
키보다 높이 쌓은 박스 끌고 가서 받는 돈 7,800원이란다.

가난해서 그렇다.
모아 둔 돈 없고 돌보는 이 없어서 그리 사는 거다.
누가 그런 노년을 보낼까?
가난을 물려받은 걸까? 특별한 사람일까?
아니, 그대와 별로 다르지 않던 사람들이다.

어느 화창한 오후.
정원이 예쁜 카페에서 어떤 사람들이 수다를 떤다.
얘! 부지런히 모아, 돈 아껴 써.
안 그럼 노년에 너 박스 주우러 다닌다. 깔깔깔!

그 할머니.
엄청 가난한 집에 태어나 평생 빈곤하게 살았을 거라고?
반드시 그런 처지에서 그리된 것만은 아닐 게다.
잘 살다가 뜻밖에 불행不幸을 만나
그리되었을 수도 있지 않나?

사람 앞일 모른다.
일할 수 있을 때 일하라.
미래에 있을 뜻밖의 상황에 대비하라.
인생 내 뜻대로 전개되지 않기 때문이다.
나중에 가까운 사람들에게 폐 끼치지 말라!
그게 이웃 사랑의 첫걸음이다.

◆◆◆◆◆◆

신앙도 저축과 같다.
깨닫는 진리 없이 젊은 시절 보낸다고?
돈이 많으면 많은 대로, 없으면 없는 대로.
품위 없는 노년이 기다리고 있을 게다.

청소년의 방황彷徨은 때론 아름답다지만
중년의 방황은 대체로 추하다.
저 때는 혼자 방황하지만, 그때는 가족들까지 길 잃게 한다.

삶의 참된 보람은 참된 의미를 따라 사는 거다.
그것은 나 지으신 분이 주셨기에 사명이다.
가다가 주저앉지 말라. 거기는 종착지가 아니다.

욕심대로 살지 말라. 길 잃은 자 될 게다.
향락을 좋아하는 자는
살았으나 실상은 죽었다고 하지 않는가?*

살아야 할 시간을 죽은 자로 산 대가는,
죽어야 할 시간에 겁을 먹게 되는 거다.
두려움에 떨게 된다. 그분을 만날 담대함 없기에.

게으름을 죽이며 산 사람은 살고,
그 본성 따라 사는 사람은 죽는다.
병든 마음. 죽은 영혼에서 나오기 때문이다.

---

* "향락을 좋아하는 자는 살았으나 죽었느니라"(디모데전서 5장 6절).

죽은 영혼. 죽었건만 부지런히 열매를 맺는다.
그게 죽은 행실이란다.*
죽은 영혼에 힘차게 사는 것이 정욕이기에.
그건 우리 믿을 때 버려야 했던 거다.

죽은 영혼이 시체屍體라면
정욕은 그 밑에 포동포동 살찐 채,
서로 몸 비비는 흰 구더기들이다.

어제는 지나갔으니 내 날이 아니다.
내일은 맞이한다는 보장 없으니 또한 내 날이 아니다.
그래, 오늘만 내 날이다.
그것도 지금 살아 있는 이 시간에만.

다른 뜻에서 다시 외쳐 본다.
카르페 디엠 *carpe diem*!

우리는 짧은 삶을 타고난 것이 아니라
우리 스스로 그것을 짧게 만들고 있다.
삶이 모자라는 게 아니라 낭비하고 있단다.
세네카가 그랬다.**

추적추적 진눈깨비가 내린다.
비도 아니고 눈도 아닌 것이.
마치 산 것도 아니고 죽은 것도 아닌 내 마음 같다.
믿는 것도 아니고 안 믿는 것도 아닌 날 닮지 않았나?

일어나자!
내 삶의 서까래 한 번 둘러보자.
부서진 서까래, 비 새는 지붕.
그게 어딘지 살펴보자.
이 집 버리지 못하는 것처럼,
내가 날 버리지 못하니 고치고서라도 살아야지 않겠는가?
하나뿐인 집처럼 바꿀 수 없는 나인데.

눈 같지도 않은 진눈깨비는 비만도 못하다.
스스로에게 미안한 마음에 창문을 닫는다.
잠옷 바람에 한기 느껴진다.

---

* "그러므로 우리가 그리스도의 도의 초보를 버리고 죽은 행실을 회개함과…"(히브리서 6장 1절).

** "실은 이러하다. 우리가 받은 인생이 짧은 것이 아니라 우리가 그렇게 만드는 것이다. 인생의 시간이 모자라는 것이 아니라 우리가 낭비하는 것이다"(*Ita est: non accipimus brevem vitam, sed facimus, nec inopes eius sed prodigi sumus*). Seneca, *De Brevitate Vitae*, 1. 4, in *Loeb Classical Library*, vol. 254, trans. John W. Basore (Cambridge: Harvard University Press, 2006), 288–289.

3

개미의 전설

자존심이 상한다.
그까짓 개미에게 배우라니.
그러게 말이다. 그러나 너무 마음 상해 하지 말라.
개미가 인간보다 위대하다는 뜻은 아니니까.
인간은 개미에게 배우나 그것은 우리에게 배우지 못하니,
이는 오히려 우리에게 반성할 능력이 있음을 알리는 거다.

게으름뱅이여, 개미에게 가라, 그것이 행하는 방식들을 보라,
그리고 지혜롭게 되라.

לֵךְ־אֶל־נְמָלָה עָצֵל רְאֵה דְרָכֶיהָ וַחֲכָם׃

잠언 6장 6절, KNJ 私譯

개미의 전설.
가장 중요한 순간은 언제인가? 지금이란다.
행해야 하는 가장 중요한 일은 무엇인가?

자기 앞에 놓인 일에 전념하는 것이란다.
행복의 비결이란 땅 위를 걷는 거란다.
사람의 말이 아니다. 개미의 말이다.
개미들 사이에 대대로 내려오는 지혜.
베르나르 베르베르 『개미』에 나오는 얘기다.*

개미.
잘록한 허리에 무거운 짐 지고 부지런히 걷는다.
하찮아 보이는 너를 스승으로 여기란다.
네게서 배우란다.
내가 너보다 어리석단다.
왜? 게으름이 증거란다.

---

* 베르나르 베르베르, 『개미』, 전5권, 이세욱 역 (파주: 열린책들, 2020).

진화심리학자들이 게으름을 찬양한다.
인간의 게으름은 에너지를 아끼려는 본능이란다.
육체와 정신의 힘 아껴 자기 보존하는 거란다.
그래서 우리까지 씨가 퍼진 거란다.*
게을렀던 조상에게 감사해야겠네?

그 말도 일리가 있다.
그런데 우리 중 누구인가?
의미 있는 일 너무 열심히 하다가, 죽게 된 사람.
너인가? 나인가?

짐승, 새, 나무, 풀….
그것들에겐 살아 있는 것보다 더 중요한 게 없다.
아니, 그 이상의 것에 대해 가치價値를 판단하지 못한다.

인간, 나, 너, 우리….
살아 있는 것 못지않게 중요한 게 있다.
의미 있게 사는 거다. 그것이 살아 있는 이유다.
죽어도 계속될 의미, 선하고 아름답게 살아야 할 의미다.
그건 나와 이웃을 행복하게 할 의미다.

어떻게 사느냐?
그것보다 앞선 질문이 있다.
내가 누구인가?
그걸 알아야 부지런히 살든지 말든지 할 거 아닌가?

지혜. 인생의 질서를 아는 것.
날 지으시고 구원하신 주님 사랑함으로써,
삶에 질서가 생긴다.
마음으로 그걸 알고 받아들이게 된다.
그 질서 안에서 평안하고 행복하다.
청빈淸貧의 삶을 살던 자유인
아시시의 프란체스코를 생각한다.

* 전중환, 『진화한 마음』 (서울: 휴머니스트, 2019), 46-47.

지혜롭고는 게으를 수 없으니,
게으르게 살 수 있는 건 미련하기 때문이다.
무엇을 진정 사랑한다면, 그게 정점頂點이다.
그 아래로 새로운 질서가 세워진다.
모든 사랑이 그런 거다.

연인戀人들.
그래서 자꾸 물어보나 보다.
자기, 세상에서 누가 젤루 좋아? 나 없이 살 수 있어?
자기가 그 사람 사랑의 정점이 되고 싶은 거다.

하나님을 사랑함.
그게 지혜의 근본이란다.
지혜는 마땅한 질서를 아는 거란다.
진리는 그걸 알려 주는 데 그 가치가 있단다.

진리의 가치는
무질서에 질서를 부여하는 거다.
하나님 사랑하면 그분 정하신 질서를 받아들이나니,
그것은 당신 안에서 만물을 복되게 하시는 질서다.
조화. 절제. 균정均正.
만물은 그 안에서 평화와 안식을 얻는다.

사랑과 진리가 만난다.
진리를 알고 사랑하는 게 지혜란다.
거기서 자기 있어야 할 자리 알고,
이웃이 있어야 할 자리로 돌아가게끔 섬기는 거다.*
하나님 사랑 때문에.
그게 지혜다.

개미에게 가란다.
그 하는 걸 보고 지혜를 얻으란다.
도대체 개미에게 뭘 배우라는 걸까?

스스로 일한단다.
감독자나 감시자 없어도 일한단다.
열심히 일하는 걸 본받으란다.
시키는 이 없이 스스로 일하는 걸 본받으란다.

◆

감사합니다요, 나으리.
이 은혜를 평생 잊지 않겠습니다요. 흑흑흑….
두 눈에서 닭똥 같은 눈물이 떨어진다.

한 늙은 머슴.
대청마루 아래 엎드려 있다.
엎드려 절하는 머슴 앞엔,
줄에 꿴 엽전이 궤짝에 가득하다.
그 옆에 또 한 머슴. 다른 이유로 찔끔거리며 눈물 짓는다.

넓은 마당. 가을바람.
담장 옆 감나무에서 잎이 떨어진다. 비처럼 내린다.

---

* 성경의 가르침과는 차이가 있지만 이와 유사한 사상은 동북아 사상에서도 발견된다. "자로가 군자에 대해 물으니, 공자께서 '경으로 몸을 닦는 것이다.'라고 하셨다. 자로가 '이와 같을 뿐입니까?'라고 하자, '몸을 닦아서 사람을 편안하게 하는 것이다.'라고 대답하셨다"(子路問君子 子曰 修己以敬 曰 如斯而已乎 曰 修己以安人). 유교경전번역총서 편찬위원회 편, 『논어』, 유교문화연구소 역 (서울: 성균관대학교출판부, 2008), 535-536. 여기서 '안인'(安人)이라는 것은 사람들을 질서에 맞는 자리에 있게 하여 평안하게 한다는 뜻이다. 이것은 '수기치인'(修己治人)에서의 '치인'(治人)과 같은 뜻이다.

두 사람.
스무 해 넘은 머슴살이 끝내고 떠나는 날이다.
그날 이른 새벽. 주인 나리 두 종을 불렀단다.
급히 쓸 일이 있다. 가느다란 새끼줄 얼른 꼬아 오너라!

한 머슴 빨리 가서 새끼 길게 꼬았단다. 평소처럼 부지런히.
또 다른 머슴 느릿느릿 가서 딴짓하다가 한 발도 채 못 꼬았단다. 평소처럼 게으르게.
됐다, 이제 가져오너라!
아아, 누가 알았을까? 주인이 이리 빨리 부를 줄을.

큰 궤짝 두 개.
대청마루 섬돌 아래. 마당에 놓여 있다.
두 머슴이 주인 앞에 섰다.
주인 나리의 황당한 분부.

너희들, 오랫동안 내 집 위해 애썼다.
이제 가족들과 함께 떠나거라.
너희끼리 독립해 오붓하게 살거라.
저 궤짝 안에 엽전이 있다.
각자 만들어 온 새끼줄에 꽉 차게 꿰어 가거라.
그걸로 살림 밑천 삼거라.

한 종은 기뻐서 울고,
한 종은 슬퍼서 눈물 흘렸단다.

그러게, 평소에 좀 부지런히 살지….
작자 미상. 옛날얘기로 전해 내려온 지혜담智慧談이다.

자유는 소중하다.
그것 없인 사람답게 살 수 없다.
그런데 자유를 누리려면 자율自律할 줄 알아야 한다.
그건 스스로를 질서에 맞게 규율하는 거다.
그 안에서 자유를 누린다.

봄날은 간다. 온 산에 여름이 온다.
짙푸른 녹음. 한낮의 햇볕이 따갑다.

열댓 명 함께 오르는 산행길.
나는 선두에서 걷는다.
한 시간은 족히 올라온 듯. 땀이 나고 목이 마르다.

일행 중 한 사람이 큰소리로 외친다.
자자, 여기서 5분만 쉬어 갑시다!
좋다. 나는 쓰러진 나뭇등걸에 걸터앉는다.

물병 꺼내 한 모금 마신다.
앞섶 단추 두어 개 풀어 놓으니
시원한 계곡 바람 목덜미 스쳐 간다.

아까 그 사람이 다시 외친다. 자, 이제 출발합시다.
해 지기 전 내려오려면 서둘러야 합니다.

이제 다 쉬었으니 가잔다.
저 멀리 뒤따라오는 사람들. 그들에겐 휴식이 없다.
그래서 나는 앞서 걷는 게 좋다. 산을 오를 때도.
앞서 가면 휴식이 있기 때문이다.

우리 인생 人生.
하나님께 바쳐졌다.
우리가 있는 시간과 공간.
어디 한 치나 언제 일순一瞬도 그분 것 아닌 게 없다.
사는 게 그분 섬기는 거란다.
신실한 믿음의 증거는 열심히 섬기며 사는 거란다.

보이는 사람 때문에 섬기지 말라.
안 보이는 하나님 사랑 때문에 살아 있으니,
누구 눈치 봐서 섬긴다면 그 어찌 자유인의 삶이랴?

충성스러운 사람에겐 굽힐 게 없다.
사랑하는 자는 용감한 자다.
자유自由와 담대膽大함이 있다.

자유의 담력.
스스로 섬기는 사람이 자유롭다.
그분 사랑에 매여 살기에 담력을 얻는다.
그분이 우리를 위하시면 누가 우리를 대적하겠는가?
사랑은 빛, 두려움은 어두움에 속했다.

어둠이 빛을 이기지 못하듯,
두려움은 사랑에 자리를 내준다.
그분을 사랑하는 마음으로 꽉 찼는데,
누구를 두려워하겠는가?

◆◆◆

자존심이 상한다.
그까짓 개미에게 배우라니.
그러게 말이다. 그러나 너무 마음 상해 하지 말라.
개미가 인간보다 위대하다는 뜻은 아니니까.

인간은 개미에게 배우나 그것은 우리에게 배우지 못하니,
이는 오히려 우리에게 반성할 능력이 있음을 알라는 거다.
그러니 개미에게 가서 배우라는 건 모욕이 아니다.
오히려 우리를 높이는 거다.
우리에게는 자기 성찰의 능력이 있음을 깨닫게 해주기에.

지혜자는 왕이었다.
별의별 사람 다 거느려 봤겠지.
충신부터 간신까지, 원리주의자부터 기회주의자까지.
그런데 감시하지 않으면 일하지 않는 자가 있었던 게다.
그 사람. 그런 인간들 꼴도 보기도 싫었을 게다.

사람 앞에선,
눈치 볼 윗사람도 있고 눈치 안 볼 아랫사람도 있을 게다.
하나님 앞에선,
모두 그분 섬기는 자들이다.

이 세상 안 계신 곳 없으신 하나님.
우리가 어디서 살아간들 그분의 면전 아니랴?
새벽 날개를 치며 바다 끝에 거할지라도
거기도 주님이 계시단다.*

하나님 사랑하는 사람.
어디서든지 그분을 뵙기에,
감독하는 이 없어도 섬긴다.
자기 사랑하는 사람.
감독하고 감시하는 자 없으면 섬기지 않는단다.
왜? 힘들고 싶지 않으니까.

그래서 하나님은 충성忠誠스러운 자를 찾으시며
대견히 여기신다.
그가 하나님을 사랑하기 때문이다.

한판 붙었단다.
싸웠다기보단 그냥 대적을 한 거다.
지도자 모세를 따르던 참모들.
미리암과 아론이 모세를 비방했단다.
여호와께서 모세와만 말하셨느냐?
우리와도 말씀하지 않았느냐?

지도자 모세. 열 받았을 만한데 온유했단다.
땅 위에 있는 모든 사람보다 부드러웠단다.
어떻게 그럴 수 있었을까?

그는 하나님 앞에서만 섬겼고,
저들은 하나님과 사람을 오가면서 섬겼던 거다.

---

* "내가 새벽 날개를 치며 바다 끝에 가서 거주할지라도 거기서도 주의 손이 나를 인도하시며 주의 오른손이 나를 붙드시리이다"(시편 139편 9-10절).

결판이 났다.
여호와께서 강림하셔서 판결을 내려 주신 거다.
애들아, 내 종 모세는 너희와는 비교가 안 되는 사람이다.

왜 그럴까?
모세가 하나님과 나눈 교제.
대적자들의 그것과 수준이 달랐단다.
모세와는 대면하여 명백히 말씀하셨고,
당신의 형상形像도 보여 주셨단다.
아아, 이 판결을 내리시면서 하신 말씀 심금을 울린다.
내 종 모세는 내 온 집에 충성함이라.*

* "내 종 모세와는 그렇지 아니하니 그는 내 온 집에 충성함이라"(민수기 12장 7절).

게으르면서 충성하는 사람은 없다.
그가 얼마나 헌신적으로 살았으면 이런 평가를 받았을까?
아마 그 사람은 마음 어느 한구석도
그분께 바쳐지지 않은 곳이 없었나 보다.

그의 생애는 분투하는 삶이었으니,
예수 섬김의 그림자가 될 수 있었던 거다.*
얼마나 충성스러웠으면 그리 말씀하셨을까?
아아, 이렇게 사는 내 모습이 부끄럽다.

그것이 끝 아니다.
개미에게 배울 게 또 있단다.
미리 예비豫備하는 거란다.
먹을 것. 여름 동안에 예비하고 추수 때에 양식을 모은단다.

우리 인생은 계획대로 되지 않는다.
그래서 인생 꼬였다는 말이 나오는가 보다.
인생이 계획대로 되면 좀 게으를 수 있을 게다.
그런데 그렇게 잘 안 된다. 그때를 대비해야 한다.
게으르게 살 수 없는 또 다른 이유가 여기 있구나!

◆◆◆◆

한겨울.
갑자기 강원도 대관령에 폭설이 내렸다.
고속도로 없던 시절. 눈 폭탄의 기습.
고갯마루부터 차들이 줄지어 서 있다.

여기저기 미끄러져 비스듬히 멈춰 선 차들.
거기서 밤을 새웠단다.
눈에 갇혀 더 갈 수 없다. 그래도 히터는 켜야 했겠지?

추운 밤. 콜록콜록.
유량계가 영*을 가리킨 지 오래다.
가족들 실은 차에서 발을 동동 구르는 운전자들.
눈은 계속 내리고. 펑펑.

---

* "그러므로 함께 하늘의 부르심을 받은 거룩한 형제들아 우리가 믿는 도리의 사도이시며 대제사장이신 예수를 깊이 생각하라 그는 자기를 세우신 이에게 신실하시기를 모세가 하나님의 온 집에서 한 것과 같이 하셨으니"(히브리서 3장 1-2절).

그 눈길 달려온 장사꾼들.
콜라병에 기름 담아 만 원씩에 팔았단다.
누가 그런 일 일어날 줄 알았을까?
그래서 대비가 필요하단다.
자원의 축적이 필요한 거다.

개미는 겨울에 일하지 않는다.
먹을거리. 가을에 창고에 가득 채워야 한다.

연예인들 사이에 농담이 있단다.
열심히 모아라. 그러나 2년 이상짜리 적금 들지 말라.
물 들어올 때 노 저어야 하지만,
그 물 항상 들어오는 게 아님도 알라는 거다.
그게 어디 양식만 두고 하는 말일까?

인간관계도 마찬가지.
진통제 같은 게 있고 보약補藥 닮은 게 있단다.
평소에 연락 한번 없다가, 제 필요할 때 신세 좀 지잔다.
나를 진통제로 써먹는 거다.
늘 연락하며 지낸다. 교제 자체를 즐긴다.
나를 친구로 여기는 거다.
보약과 같은 사귐이다.
보약은 가을에 먹고 봄에 효력을 본단다.

서양 속담. 그래서 생겼나 보다.
가장 행복한 구두쇠는 친구를 아껴 잃지 않는 사람이다.

평소 조금씩 모은 돈.
꼭 요긴하게 쓸 때가 온다.
하물며 신앙에 대해서라면 더 말해서 무얼 하랴.
이웃을 사랑하는 자.
그 삶의 첫걸음. 남에게 누를 끼치지 않는 거다.

◆ ◆ ◆ ◆ ◆

눈 딱 감고 하세요.
무조건 그냥 하셔야 돼요.

보험회사 플래너.
나를 설득하고 있다.
보험 하나 들란다. 암보험. 생명보험….

일체 욕심 없는 삶을 사셨던 분이 있었거든요.
말년에 암 말기 판정 받으셨어요.
고생 끝에 결국 돌아가게 되었대요.

치료비가 수천만 원 나왔대요.
아무것도 없으시잖아요.
그 소식 듣고 어느 부자가 대신 내 줬대요.

청빈하게 사는 건 좋지만,
왜 자기 죽는데 남에게 폐를 끼쳐요?
죽으면서도 민폐 끼치면 안 되죠.

쩝쩝, 반박할 말이 없네.
나는 얼마짜리를 들어야 하나? 전단지를 들여다본다.
그래, 살아서뿐 아니라 죽을 때도
남에게 폐 끼치지 말아야지.

존경하던 은사恩師께서 돌아가셨다.
정성껏 부조금 준비해 갔는데,
빈소 앞에 접수대 없다. 안 받는단다.
고인이 유언을 하셨단다. 받지 말라고.
당신 장례 비용 평소에 모아 두셨단다.

아들아, 나 죽거든 이걸로 내 장례 치르거라.
다른 사람들에게 폐 끼치지 말거라.
살았을 때처럼, 돌아가실 때도 맑으셨다.

불편해도 폐弊를 끼치지 말자.
더욱이 날 사랑하지도 않는 사람에게 그러지 말자.
내 인생의 무게를 더하지 말자.
그도 힘겹게 사는데.

성경에서도 사랑의 빚 외에는 아무에게든지
아무 빚도 지지 말라지 않는가?*

남에게 짐 되지 않는 삶을 살며 누리는 자유.
그게 진짜 자유다.
큰 사랑 받았으니 도리어 베풀며 살자.
나는 남의 신세 지지 않고,
남은 내게 신세 지게 하자.

쇼팽《피아노 협주곡 제2번》.
방 안 가득히 울리는 피아노 선율.
어쩜 저리 아름다울까?**
작곡도 대단하지만 연주가 일품이다!
루빈스타인. 저 할아버지.
호로비츠와 함께 당대 최고의 연주가가 되기까지
얼마나 부지런히 연습했을까?
언제쯤일까?
나. 인간으로 사는 게 저런 명품 연주처럼 되려면.

◆◆◆◆◆◆◆

황톳빛 사막.
거긴 풀 한 포기, 나무 한 그루 없다.
어디서 시작되었을까?
대지를 가르며 한 줄기 개울이 흘러간다.
침묵의 시간이 흐른다.

우와, 신기하다.
물가에 작은 풀포기들이 자라난다.
그 씨앗 어디서 날아왔을까?
심은 사람 없는데도 나무들은 쑥쑥 자란다.
곤충들이 생겨나고,
온갖 새들도 날아온다. 푸드득.

* "피차 사랑의 빚 외에는 아무에게든지 아무 빚도 지지 말라 남을 사랑하는 자는 율법을 다 이루었느니라"(로마서 13장 8절).

** Frédéric Chopin 작곡, 《피아노 협주곡 제2번, 2악장》(Piano Concerto No. 2 in F Minor, II: Larghetto, Op. 21), Arthur Rubinstein 연주.

어디서 왔을까?
들짐승들 그 강가에 터 잡기 시작할 때,
사람들 모인다. 여기저기 집을 짓는다.
그 집들 모여 촌락을 이루고,
사람이 사는 마을이 되어 간다.

모든 게 변했다. 몰라보게 달라졌다.
사막에 개울 하나 흘렀을 뿐인데….
개울이 모여 강물을 이룬다. 고요히 흘러간다.

아아, 그렇게 흐르는 강물처럼 살고 싶다.
나 누구에게 아무것도 빼앗지 않으며
모든 사람에게 유익을 주며 살고 싶다.
내 모든 것. 좋으신 그분께로부터 왔기에.

사막의 강물처럼,
메마른 곳 흘러가 두루 적시며
산다면 얼마나 좋을까?

그러려면 자원資源이 있어야 한다.
내 마음대로 처분할 수 있는 지상의 자원들.
지혜와 덕과 사랑, 지식과 물질과 재능.

모든 자원.
오직 그분께로부터 와서 누리고 있는 거다.
주시는 것도 때가 있으니, 예비할 수 있을 때 그리하라.
필요한 때를 위해 저장하라.
다 쓰지 못할까 염려 말고,
남에게 누 끼칠까 걱정하라.
가엾은 사람 맘껏 도울 수 있도록.

나를 사랑하시는 분.
그분으로 만족하도록 살자.
예비하자. 나 아니라 남 위해서.

사람. 무슨 뜻일까?
사전이 그런다.
두 발로 서서 다니고 언어와 도구를 사용해서,
문화를 향유하고 생각과 웃음을 가진 동물이란다.*

사람이라는 말. 살다에서 왔단다.
그래서 사람은 살아 있는 것이라는 뜻이란다.
생명을 지니고 있는 거란다.

모든 사람이 살아 있으니,
자기만 위해 사는 게 어찌 삶이겠는가?
그렇게 살면 그 인생 무엇이 재미있을까?
사람은 자기만이 아니라 남도 살게 하는 존재다.
그러니 내게 있는 것. 흘려보내 그들도 살게 하자.

예수. 가진 것 모두 우리 위해 주셨다.
게으른 사람.
남을 도울 수 없을 거다. 모아둔 자원이 없기에.
아니, 그럴 마음이나 있을까? 게으름으로 저만 위하는데.

아아, 게으른 삶의 끝은 어디인가?

눈이 펑펑 내리더니 이제 그쳤다.
고향길. 사립문. 눈 소복이 내린 마당.
등불을 켜고 엄마가 기다릴 것 같은 밤이다.

---

* 고려대학교 민족문화연구원 국어사전편찬실 편, 『고려대 한국어 대사전(ㅂ-ㅇ)』 (서울: 고려대학교 민족문화연구원, 2011), 3085.

4

선물 같은 오늘

세상에 없는 것보다 있는 게 나은 삶 살라고 태어났다.
한 번 가고 오지 않는 인생의 날들은 얼마나 소중한가?
오늘 살아 숨 쉬는 게 선물이다. 그래서 현재(present)가 선물이란다.
어제 죽은 자에게 부끄럽지 않게 살아야 한다.
이것은 한 인간으로서 가질 품격이다. 돈과 지위로 살 수 없다.

이는 우리가 너희와 함께 있을 때도 이것을 너희에게 명령하였으니,
이는 만약 누구든지 일하기를 원하지 않는다면
그로 하여금 먹지도 말게 하라고 한 것이다.

καὶ γὰρ ὅτε ἦμεν πρὸς ὑμᾶς, τοῦτο παρηγγέλλομεν ὑμῖν,
ὅτι εἴ τις οὐ θέλει ἐργάζεσθαι μηδὲ ἐσθιέτω.

데살로니가후서 3장 10절, KNJ 私譯

젊은 시절.
시장에서 떡장사를 했다.
남루한 차림의 아저씨가 들어온다.
여기 앉아 먹고 가도 될까요?
아아, 그러셔도 돼요. 앉으세요.
사실, 테이블 놓고 손님 받는 떡집이 아니었다.

그는 동전 두 개 꺼낸다.
나는 방금 만든 떡 세 개 건넸다.
팥 떡 하나 쑥 절편 두 개.
돈이 없나 보다. 취로 사업에서 일하다 돌아가는 길인 듯.

혼자서 떡 팔며 이리저리 움직이다가 봤다.
그 사람 자기 떡 다 먹고,
조금 열린 떡상자에서
재빨리 떡 두 개 움켜쥐어 먹던 접시에 얹는 걸.
콩가루 묻힌 쑥떡 두 개.

더 가난한 사람?
나도 가난한데 내 떡을 훔치는구나.
모르는 체했다. 장 발장이 생각났다.
얼마나 배고팠으면 훔쳐서라도 먹고 싶었을까?

그분이 아직까지 살아 계셨으면 좋겠다.
이제는 배고프지 않고 행복하게 사셨으면 좋겠다.

일하기 싫은 자는 먹지도 말라.

널리 알려진 이 말.
정확히, 일하기 싫어하거든 먹지도 말게 하라다.*
게을러 일 안 하는 자 밥도 주지 말란 뜻이지?

약 2,000년 전.
그때도 게을러서 일 안하고,
말썽만 일으키는 사람들 있었단다.

게으른 사람들. 모든 일에 게으르지는 않다.
그 사람들. 말이 많으니 입은 바쁠 거고,
쓸데없는 일을 만들려니 몸은 부지런할 게다.

할 말이 많으니 어찌 한가하겠는가?
할 일이 있으니 어찌 분주하지 않겠는가?
그러나 다 쓸데없는 일들이다.

큰일 났다!
종말이 임박했단다. 그러니 일할 필요 없단다.
노는 사람이 많아졌단다.
일 안 해도 먹기는 해야 했을 테니,
누군가에게 밥 신세는 져야 했겠지?

곧 세상이 끝장난다고 가르치러 다니면서도
제 끼니는 꼭 챙겨 먹었던 모양이다.
목구멍이 종말 교리보다 무서웠던 거다.

게으른 사람들.
그릇된 가르침에 물들자 말만 많아졌다.
선한 일에 게으르고, 쓸데없는 일에 바빴다.
평화平和는 사라지고 분란이 일어났단다.

※ "우리가 너희와 함께 있을 때에도 너희에게 명하기를 누구든지 일하기 싫어하거든 먹지도 말게 하라 하였더니"(데살로니가후서 3장 10절).

일하기 싫은 자는 먹지도 말라.
예부터 귀에 익은 이 말의 뜻을 생각해 보자.

먼저, 가깝게 생각해 보자.
제 양식 위해 남의 신세 지지 말라는 거다.

일은 안 하고 밥은 먹겠다면,
그 양식을 위해 누군가 대신 수고해야 한다.
수고하는 사람은 그럴 마음도 없을 텐데.
게으른 누군가를 위해, 부지런한 다른 사람이 일을 더해야
한다면 그건 불공평한 거다.

왜? 그 사람도 그런 혜택을 받고 싶을 것 아닌가?

어쩔 수 없는 때에 남 의지하는 것.
나쁜 일 아니다. 기댈 어깨 내주지 않는 사람이 나쁜 거지.
인간은 서로 돕고 살아가는 거다.
그게 아름다운 거다.
하지만, 충분히 자립할 수 있는데,
남의 도움에 기대는 건 부끄러운 거다.
남의 도움으로 차린 진수성찬보다는
내 힘으로 차린 소박한 밥상이 자랑스러운 거다.

사람의 품위.
자기 스스로 서는 데 있다.
부당하게 남 의지하며 사는 건 품위 없는 거다.

남의 도움으로 사는 거 습관이 된다.
그게 무섭다.
그거 반복되면 고마운 줄 모른다.
감사가 사라진다.

그 다음, 넓게 생각해 보자.
이건 노동勞動의 신성한 가치를 말하는 거다.
일하기 싫어하거든 먹지도 말게 하란다.

그래, 일 안 하는 자 밥도 주지 말란 뜻이겠지?
단지 일 안 하고 축내는 밥이 아까워서가 아니다.

더 큰 뜻이 있단다.
그게 사람 지으신 이유란다.
그를 선한 일에 참여시키기 위함이란다.
노동으로 세상을 선하고 아름답게 만들기 위함이란다.

황무지 같은 벌판.
들에는 초목도, 채소도 없었다.
안개가 지면을 덮고 있었다.
그게 태초에 창조된 세상이다.

참 이상하지 않나?
전능하시고 완전하신 그분.
이 세상을 왜 그리 불완전하게 창조하셨을까?
그리다 만 그림같이, 부르다 멎은 노래처럼.
하지만 거기엔 뜻이 있단다.

세상. 완전하고 아름답게 창조하셨지만,
거기엔 더 아름답게 될 가능성까지 포함된 거란다.
선하고 아름답게 창조하셨으나, 우리의 노동을 통해
더욱 좋고 예쁜 세상이 될 수 있게 하셨단다.

그래, 살아서 아침을 다시 맞을 수 있음에 감사하자.

인간. 그 일을 위해 지음 받았으니,
사람으로 사는 보람이 거기 있는 거다.
그래서 놀고먹지 말라는 거다.
그러면 의미 없이 살 테니까.
행복은 의미를 따라 사는 데 있기에.

◆

게으른 사람.
그는 세상에서 불쌍하다.
왜? 그가 밥 못 먹어서가 아니다.
열렬熱烈하게 살 이유를 못 찾았기 때문이다.

산 자가 죽은 자보다 나은 게 무엇인가?
이 세상에서 하나님의 아름다우심과 선하심을
보기 때문이 아니겠는가?
물론 하늘나라에서는 또 다른 방식으로
그분의 아름다우심과 선하심을 보겠지만.

사람으로 태어난 행복.
보이는 세상에서 보이지 않는 하나님을 뵙는 거다.
세상에 잠시 있는 것을 기뻐함은
거기서 영원히 하늘에 있는 것을 보기 때문이다.

육체는 땅에 살아도
영혼은 하늘 기쁨을 누리는 거다.

초등학교 운동장.
한복판에 공동 펌프가 있다.
아이들 펌프 손잡이에 매달려 물을 긷는다.
짓궂은 사내 녀석들. 여자애들에게 물 뿌린다.
시끄러운 소리가 오고 간다.

그 애들은 방과 후 걸레를 빤다.
청소 당번도 아닌데 수고를 한다.
선생님 책상을 닦는단다.
선생님이 함께 일하자고 남으랬단다. 몇 명만.

하늘 같은 선생님. 그게 벌罰이었다면 고역이었을 텐데.
남지 못하고 먼저 집에 가는 애들 부러운 눈빛이다. 소외감.

전능하신 분.
왜 인간의 노동이 필요하셨을까?
우리 도움 아니면 못 하실 일 있었나?
바람에 흔들리는 풀잎. 내 대신 고개를 젓는다.
아니다. 당신을 알고 사랑함으로
세상 가꾸며 보람을 느끼게 하시기 위함이었다.

잃었던 삶의 목적.
다시 살린다. 목표 없는 사랑 없기에.
꺼져 가는 모닥불 살리듯이.
다시 타오르는 불꽃은 열정熱情이다.

사랑할 때.
사랑받는 대상 위해,
그를 사랑하는 자신 위해
매일 살아가는 목표가 생긴다.

은혜恩惠는 사랑의 감화다.
하나님 사랑에 감화를 받으면 열심이 생긴다.
아무것에도 열렬해지지 않는 것은 사랑이 아니다.

거짓된 사랑은 육신에 속한 것만 사랑하지만,
참된 사랑은 영혼에 속한 것과 육신에 속한 것을
질서 있게 사랑하나니,
이로써 죽음을 두려워하지 않게 된다. 사랑의 힘이다.

삶이 지루한 건 끌리는 사랑이 없기 때문이다.
세상을 사랑해도 그렇게 열렬할 수 있는데,
그분을 사랑하면서 어찌 가슴으로 하고 싶은 게 없을까?

◆ ◆

엄마, 아빠 보고 싶어!
아빠 보고 싶단 말이야!
칭얼대며 조르는 어린아이.
엄마는 장롱에서 남편이 입던 가죽점퍼를 꺼내 온다.
옷깃 접어 그 속에 아이 얼굴 대어 준다.

자, 우리 아들.
냄새 맡아 봐. 아빠 냄새 나지?
몇 달 전 갑자기 퍼진 암.
남편은 하늘나라로 갔다. 아내와 아들 하나 남긴 채 갔다.
어린 아들. 아빠 보고 싶다고 보챌 때마다
그렇게 달래고 뒤돌아서 눈물 훔친다.

그래, 사랑은 그렇게 그리운 거다.
사람은 가도 그리움이 남는 것은 사랑했기 때문이다.
그래서 아프지 말라. 아프지 말라. 아무 데도 아프지 말라.
자이언티가 《양화대교》에서도 그러더라.*

그 남편. 다시 살아 돌아온다면,
아내는 얼마나 할 일이 많아질까?
다시 빨래하고 밥하고 옛날처럼 집안일도 많아지겠지?

그러나 남편 없이 한가한 지금으로 돌아오고 싶진 않을 게다.
그 남편 돌아와 주면 얼마나 좋을까?
아이와 단둘이 보내는 겨울밤이 길다.

그렇다.
사랑은 삶에 목표를 부여한다.
제일 사랑하는 것들로부터 질서가 세워진다.

그 질서 따라 사는 게 좋다.
아래 있는 것은 위엣것을 위해 기꺼이 포기한다.
위에 있는 것은 아랫것에 의해 성취된다.
그 버림과 찾음으로 성취와 보람을 느낀다.
이로써 인생의 의미意味를 찾아 간다.

* 자이언티 작사·작곡, 《양화대교》, 자이언티 노래.

게으른 사람.
세월이 가도 후회하지 않을 목표가 없다.
그래서 그가 불쌍한 거다.
지금 마음 바쳐 사랑할 대상이 없다.
아아, 게으른 사람.
사랑할 대상을 못 찾았는데,
자신은 어디서 사랑을 받을까?

더 불쌍한 사람이 있다.
바르지 않은 것 위해 열렬히 사는 사람이니,
그는 사랑할 대상을 찾지 못한 사람보다 불행不幸하다.
왜냐하면 그는 알맞은 대상을
바르게 사랑하지 못하기에.

그런 사랑의 집착은 욕망을 증대시킨다.
자아自我가 확장되는 것 같을 것이다.
더 자유로운 것 같을 게다.
그러나 그런 사랑의 집착이 깊어질수록
자아와 세계의 구별은 불투명해진단다.
심리적으로 자아의 경계는 무너진다.
급기야 세상과 우리를 동일시하게 된단다.*

그래, 그렇게 날 잃어버리고 남은 세상이 무엇이더냐?
보이고 만져지는 것, 들리고 냄새나는 것들이 아니더냐?
근데 그게 나더냐?
그럼 나. 생각하는 나는 어디로 사라졌나?

세상 사랑에 빠질 때,
자기 삶의 주체성은 사라지고
정신은 오직 보이는 세상에 동화된다.

* M. 스캇 펙, 『아직도 가야 할 길』, 최미양 역 (서울: 율리시즈, 2019), 134-135.

◆ ◆ ◆

깊은 여름밤.
깜깜한 산속 작은 집에 불 꺼지고,
보랏빛 모기잡이 등 하나 켜졌다.
뿌지직, 타닥, 탁.
빛 따라 날아든 모기, 나방 전깃불에 타 죽는 소리다.
수없이 죽는데 끝없이 날아온다.

오늘은 이것을 사랑하고,
내일은 또 다른 것을 사랑하며
옳지 않은 것을 위한 열정에 인생은 활활 불태워진다.
아아, 아까운 인생.
화양연화花樣年華의 시절은 무정하게 흘러간다.

안젤라 게오르규의 《노래에 살고 사랑에 살고》.
오늘따라 처염凄艶하다.*

---

* Giacomo Puccini 작곡, 《오페라 토스카, 노래에 살고 사랑에 살고》(Opera Tosca: Vissi d'arte, vissi d'amore), Angela Gheorghiu 노래.

그러면 어찌 될까?
저 사람은 단지 허무虛無하게 살지만,
그 사람은 악하게 살게 되는 것이다.

부지런한 거 하나 가지고는,
어진 임금과 흉악한 도적을 구분할 수 없단다.
닭이 울면 일어나 부지런하기는 매한가지.
한 사람은 선을 행하고 한 사람은 이익을 좇아 살 뿐이란다.*

달콤한 피곤함이 밀려온다.
집안을 하루 종일 정리했다. 몇 달째 미뤄 뒀던 대청소.
내 변덕에 쓸모없게 된 물건을 모두 버렸다. 시원하다.
흩어진 물건들을 정리한다. 깨끗이 닦는다.
가구까지 옮겨 가며 집안 구석구석. 구슬 같은 땀방울.

점심밥까지 걸렀다.
해 지는 저녁. 공사 같은 청소가 끝났다.
새 집이 됐다. 공기까지 달라졌다.
저녁을 먹었다.
뜨거운 물에 샤워를 한다.

새 잠옷을 입고, 내 방 침대에 피곤한 몸을 눕힌다.
기분 좋은 나른함이 저녁 안개처럼 밀려온다.
따뜻한 흰밥 한 숟가락에
새콤달콤 씀바귀 나물 얹어 먹는 것 같다. 좋다!

아하! 이제 알 것 같다.
오늘 하루 보람 있게 살았기 때문이구나!

데살로니가 교회.
목회자가 힘들었겠다.
도무지 아무 일 안 하고 일만 만드는 사람들 있었으니.
그런 사람들 받아 주던 교인들도 힘들었을 게다.

---

* "맹자는 말했다. '닭이 울면 일어나 부지런히 선한 일을 행하는 자는 순(舜)임금의 무리요, 닭이 울면 일어나 부지런히 이익을 추구하는 자는 도둑의 무리다. 순임금과 도둑을 나누는 차이를 알고 싶은가? 이익을 추구하는 것과 선한 일을 행하는 것의 차이일 뿐이다'"(孟子曰 雞(鷄)鳴而起 孶孶爲善者 舜之徒也 雞(鷄)鳴而起 孶孶爲利者 蹠之徒也 欲知舜與蹠之分 無他 利與善之間也). 진덕수, 정민정, 『심경부주』(心經附註), 이한우 역 (서울: 해냄출판사, 2019), 331에서 재인용. 이 책은 송나라 유학자 진덕수(眞德秀, 1178-1235)가 편찬하고 원주를 붙인 『심경』(心經)에 명나라 유학자 정민정(程敏政, 1445-1499)의 부주를 덧붙인 것이다. 『심경』은 나라를 다스리는 마음가짐에 관한 성현의 말을 엄선하고 해석한 유학의 고전으로 알려져 있다.

하나님 섬기기 그만둔 사람들.
꼭 하지 말아야 할 일을 하고야 만다.
그거 제자리로 돌려놓기 위해 여러 사람 고생할 게다.

나는 하나님의 사랑을 받은 자다.

세상에 없는 것보다 있는 게 나은 삶 살라고 태어났다.
한 번 가고 오지 않는 인생의 날들은 얼마나 소중한가?
오늘 살아 숨 쉬는 게 선물이다.
그래서 현재present가 선물이란다.

어제 죽은 자에게 부끄럽지 않게 살아야 한다.
이것은 한 인간으로서 가질 품격이다.
돈과 지위로 살 수 없다.

일하는 모든 사람이 보람을 느끼는 건 아니다.
그러나 일하지 않은 자에겐 보람이 없다.
보람! 그건 그냥 나 좋은 만족이 아니다.
선하고 아름다워서 나중에도 부끄럽지 않을 만족이다.
의미 있는 만족이다.

흐르는 강물 되돌아오지 않듯,
흘려보낸 시간 다시 오지 않는다.

머무를 수 없는 순간.
의미를 따라 살 수는 있으니,
선물膳物로 받은 나의 지금이
누군가에게 선물이 되게 하자!

띵동!
앗, 택배가 왔나 보다.
누가 선물이라도 보냈나?

5

초 치고 연기 뿌리고

인간으로 임명함!
그건 짤리지도 않고 떠날 수도 없다.
그분 자녀인 동시에 그분 일꾼이니 어찌 그럴 수 있을까?
신실하신 하나님. 그를 버리실 리 없다.
그러니 게으른 자.
평생 그분께 법랑질 벗겨진 이빨의 식초처럼 살 게다.
게으른 자신은 일하기 싫어서 그랬다 치자.
그런데 높으신 그분은 뭘 잘못하셨나?
사랑해 주셨을 뿐인데.

이빨에 식초, 그리고 두 눈에 연기(가 고통스러운 것)같이
게으름뱅이는 그를 보낸 사람들에게 그러하다.

כַּחֹמֶץ ׀ לַשִּׁנַּיִם וְכֶעָשָׁן לָעֵינָיִם כֵּן הֶעָצֵל לְשֹׁלְחָיו׃

잠언 10장 26절, KNJ 私譯

승진 발령 나는 날이다.
당사자들에겐 아직 안 알려졌다.
제일 높은 분. 미리 통보를 받았단다.
나도 포함됐단다. 아, 좋다!

내 앞에서 그분이 전화를 건다.
누군가와 통화를 한다.

어이, 오랜만이야, 이번에 승진 명단 받았어.
여기 있던 아무개가 그쪽으로 간다네.
그 자식 거기 가거든 뺑뺑이 돌려!
형편없는 친구니까 버릇 좀 고쳐 주라고. 알았지?
언제 만나 쏘주나 한잔하자. 그래, 끊는다.

듣고 있는 내 귀를 의심했다.
아니, 저 높으신 분이 왜 이럴까?
한 사람의 인생길 막으려 작정했나?
그 친구 부푼 꿈 안고 거기 부임할 텐데.
승진으로 기쁜 마음에 초 치시고….

왜 그랬을까?
그 사람 부하 직원으로 거느릴 때 엄청 애먹었나 보다.
그렇지 않고서야 어찌 저리하겠는가?

지혜자가 말한다.
게으른 자는 일 시키는 사람에게
마치 이에 식초食醋 같고 눈에 연기 같단다.
그러니 그게 우리 사는 오늘날의 얘기만은 아닌가 보다.

◆

이가 시려서 견딜 수가 없다.
부모로부터 물려받은 건
튼튼한 위장과 치아뿐이라 자부했는데….
45년 동안 치과를 간 적이 없었다.

세월이 흐르니,
이빨에도 죽음의 기운이 스며드는구나!
차가운 음식은 말할 것도 없고 김치도 먹을 수 없다.
그 좋아하는 과일. 뜨거운 물에 담궈 데워 먹어야 했다.

창가로 비치는 오후의 햇살.
비스듬히 눕혀진 치과 치료의자.
내 입속을 들여다보면서, 치과 의사가 말한다.
저작 운동을 격하게 하셔서…. 쯧쯧.

저작 운동? 내가 작가라는 걸 어찌 알았을까?
헉, 내가 오랜 세월
격하게 글을 쓰며 살아온 거까지 알다니….
그런데 혀는 왜 차는 거야?
혼자 입 벌리고 오가는 온갖 생각들.

입을 벌리세요. 아~ 더 크게.
탈칵. 손에 들었던 기구를 내려놓는다.
음식물을 세게 씹으시죠?
저작 운동을 너무 격하게 하지 마세요.
으음, 그 저작이 이 저작이 아닌가 보다.

씹을 저㜊, 씹을 작嚼
음식 섭취하여 분쇄하고 침과 혼합하는 씹기 과정이란다.
아하, 내가 저작자로 너무 열심히 행동했구나!

씹을 저.
악귀의 힘을 빌어 미운 사람 나쁜 일을 빌거나,
그렇게 되도록 방술方術을 쓰는 것도 뜻한단다.

법랑질.
치아의 상아질을 보호하는 단단한 물질.
유백색에 반투명이다.
상아질 더 아래에는 치수와 치근관이 있어서
신경으로 연결된단다.*
그 법랑질이 닳아 찬 기운 신경으로 전달돼 시린 거란다.
거참, 이빨 하나의 세계가 신비하기도 하다.

---

* Kenneth M. Hargreaves, Stephen Cohen, *Cohen's Pathways of the Pulp*, 10th, 고현정 외 역 (서울: 엘스비어코리아, 2011), 502–507; 대한치과근관치료학회, 『근관치료학』 (서울: 예낭아이앤씨, 2017), 20–24.

기분 좋은 질병疾病이 있겠냐마는
아아, 이놈의 이빨 시린 건 정말 참기 힘들다.
그 불편함이 감정에 끼치는 영향은 상상을 뛰어넘는다.
생활의 의욕이 떨어진다.
음식에 대한 두려움이 생긴다.

그런데 말이다.
법랑질 벗겨진 맨 이빨.
거기에 독한 식초를 붓는다고 생각해 보라.
시디신 식초가 이빨 속으로 흘러 들어가서
저 아래 신경을 건드린다고 상상해 보라.
으아악! 온몸에 경련이 일어나겠지?
전기에 감전感電된 듯 온몸이 촉수가 되어 떨릴 게다.

게으른 사람.
그에게 일 시키는 주인 마음에 그렇단다.
아하, 참 절묘한 비유다.
치통齒痛에 대한 생생한 경험.
지혜자도 저작 활동을 심하게 하셨나?

부리는 자가 사람이면 헤어지면 된다.
고용한 사람은 해고하면 되고, 고용된 사람은 사직하면 된다.

어허, 그런데 사람으로 사는 일에도 사표 쓸 수 있을까?
그건 누가 받아 주는 건가?
인간으로 임명함!
그건 짤리지도 않고 떠날 수도 없다.
그분 자녀인 동시에 그분 일꾼이니 어찌 그럴 수 있을까?
신실하신 하나님. 그를 버리실 리 없다.

그러니 게으른 자.
평생 그분께 법랑질 벗겨진 이빨의 식초처럼 살 게다.
게으른 자신은 일하기 싫어서 그랬다 치자.
그런데 높으신 그분은 뭘 잘못하셨나?
사랑해 주셨을 뿐인데.

사람으로 지으시고, 선택하시고 구원하셔서
사명 주신 것밖에 없는데.
그것이 어디 그리 욕을 당할 일이라더냐?

사명만 해도 그렇다.
어디 하나님이 당신 능력 모자라 그 일 맡기셨더냐?
평생 그분 사랑 모르고 살던 우리.
고집대로 살다가 죽을 세상에서 헛된 것 찾으며 살았다.
그런 우리를 사랑하심은 허무하게 살지 않게 하심이다.
보람 있게, 사람답게 살라고 불러 주신 거 아니더냐?

◆ ◆

우리 지키시는 하나님.
졸지도 아니하시고 주무시지도 아니하신다.
그런데 우리는 수시로 졸고 잔다.
저녁에 졸고 밤에 잔다는 뜻이 아니라,
정신적으로 그렇다는 거다.

영혼이 싫증으로 가득 찰 때,
육체는 게으름에 익숙해져 간다.
하나님을 미워하지 않는다. 그러나 사랑하지도 않는다.

마치 헤어지고 싶은 부부夫婦.
애들 때문에 마지못해 같이 살 듯이….
애들 고등학교 졸업하고 대학에 가기만 해 봐라.
내 너하고 절대로 같이 안 살 거다!

저 싫은 일 시키실라치면,
그분 사랑하지 않은 속마음 불쑥 드러낸다.

그대가 누구냐고 묻지 마라.
오늘 사람들 속에 살고 있는 네가 그대다.

지나친 잠.
필요한 수면이 아니다. 몸에도 이롭지 않단다.
그냥 저 편하고자 선택하는 졸음이요
일하기 싫은 정신이 만드는 잠이다.*

거기까지만 하면 그래도 나은 거다.
마땅히 섬겨야 할 일에 게으르고
나쁜 일에 부지런하다고 생각해 보라. 끔찍하지 않은가?

옳게 가던 길 바꿨는데 부지런히 간다고 생각해 보라.
선한 일 해야 할 때는 놀더니….
그때 비축한 힘 이때 쓰는구나! 끔찍한 일이다.
그리 살다가 어찌 평안히 세상을 떠날까?

---

* 김남준, 「게으름」 (서울: 생명의말씀사, 2019), 120-121.

게으른 자.
그를 부리는 이의 고통은 거기서 끝나지 않는단다.

게으른 자는 그 부리는 자에게 눈의 연기煙氣 같으니라.

아아, 눈의 연기 같단다.
연기가 무엇이더냐?
그건 물질이 불탈 때 생겨나는 흐릿한 기체나 기운이다.
지혜자. 아궁이에 불 때서 밥하던 시대를 살았다.
그 연기에 눈뜨지 못하던 경험이 있었다.

연기. 물질이 불탈 때 발생하는 고체,
혹은 액체 상태의 미립자들이란다.
우리 몸은 눈 보호하기 위해서 여러 장치 갖고 있단다.
눈썹, 눈 위아래에 속눈썹.
눈꺼풀은 와이퍼 역할을 한단다.

눈물샘. 기쁨과 슬픔 같은 정동情動뿐 아니라,
이물질의 자극으로도 액체를 쏟아 낸단다.

연기에 눈물이 나는 이유.
그 이물질異物質을 배출하기 위함이란다.

안구를 담고 있는 살,
예민한 신경과 연약한 막으로 덮여 있단다.
낯선 물질 들어올 때
심한 이물감과 격한 통증을 느끼게 되어 있단다.
창조주의 솜씨가 오묘하다.

계속 앞으로 몰려오는 연기.
고개 돌려도 매워서 눈 비비며 콜록콜록!
아아, 괴롭다.
연기야! 가라! 저리 가라.
게으른 나를 바라보시는 그분의 심정이란다.

게으름.
그분은 나를 사랑하시고
나는 그분을 싫어하는 증거란다.

◆◆◆

덜커덩, 덜커덩.
밤 11시. 1호선 지하철 열차가 서울역을 출발했다.
기차간에 사람도 별로 없다.
한 사람, 두 사람, 세 사람, 네 사람….

한 열네댓 명쯤 될까? 다들 꾸벅거리며 존다.
오늘 하루 일하느라 엄청 고단했나 보다.

들고 있던 잡지.
아무 데나 넘겼는데 인터뷰 기사 보인다.
노동 운동 하다가 목회자牧會者가 된 사람 얘기다.

기자가 묻는다.
마지막으로 독자들에게 들려주고 싶은 말씀이 있다면?

아, 예, 저는 중학교 밖에 못 나왔습니다.
그러니 어느 교회 가서 일하겠다고
명함 내놓을 처지도 못 됩니다.
그래서 매일 기도합니다.
주님, 저는 이렇게 모자라는 사람입니다.
그러니 어떻게 귀하게 써 달라고
부탁드릴 수 있겠습니까?

그렇지만 한 가지. 어딘가 게으른 목회자 있다면,
굳이 그 사람 쓰려 애쓰지 마시고 대신 저를 써 주십시오.
그이만큼 뛰어나진 않지만
게을러서 속 썩여 드리진 않겠습니다.
열심히 부지런히 섬기겠습니다.

읽다가 눈물이 났다.
연기도 없는데 왜 눈물이 나는 걸까?
잡지를 덮을 때 탄식이 나왔다.
하나님이 저분의 기도를 다 안 들어주셨으니 망정이지,
모두 응답되었더라면 어찌 되었을까?

이런 생각에 어느덧 목적지.
전철에서 내린다.
어두운 철길 저편에서 바람이 불어온다.
세찬 바람에 마음까지 시리다. 코트 깃을 올려도.

덜커덩, 덜커덩.
전철은 떠난다. 아무 일 없었다는 듯.
어디로 가는 걸까?

6

시간은 다르게 흐른다

닭이 알을 낳는다.
끙끙. 애를 쓰고 배에 힘도 주겠지?
닭장 앞 철제 선반에 달걀 하나씩 굴러 모인다.
여기도! 저기도! 또 거기도!
양계장 주인 깊이 잠들어도 닭들은 알을 낳는다.
잠자는 동안에도 돈을 번다. 주인 양반 부자 되겠네?
양계장의 밤 시간은 새벽을 향해 간다.
주인은 잠을 자고, 암탉은 알을 낳는다.
돌아오는 건 사료 한 줌. 부화시키지도 못할 알 낳기.
가여운 닭들.

그러므로 너희는 어떻게 행하여야 할지 주의 깊게 생각하라.
그리하여 지혜 없는 자처럼 (하지 말고) 지혜로운 자처럼 (행하라),
그 시간을 아끼면서 (행하라). 왜냐하면 그날들은 지금 악하기 때문이다.

Βλέπετε οὖν ἀκριβῶς πῶς περιπατεῖτε
μὴ ὡς ἄσοφοι ἀλλ' ὡς σοφοί,
ἐξαγοραζόμενοι τὸν καιρόν, ὅτι αἱ ἡμέραι πονηραί εἰσιν.

에베소서 5장 15-16절, KNJ 私譯

쓰지 않는 세면기.
대야에 물을 받는다. 세수를 한다.
버리지 않는다. 발을 씻는다.
아직 못 버린다. 걸레를 빨아야지.
그 물은 큰 들통에 모아 둔다.

수세식 변기.
물 내리지 않은 지 이미 오래.
볼일 본 다음 그 통의 물 바가지로 붓는다.
작은 일에 한 바가지. 큰 일엔 두 바가지.
진정한 환경주의자? 아니, 수도세 아끼려고.
이제 아끼는 게 뭔지 알겠지?

아껴 쓰란다.
세월歲月을 그렇게 쓰란다.
때가 악하기 때문이란다.

시대가 악하면 세월이 빨리 흐른다더냐?
그렇다. 빨리 간단다.
그게 말이 되는가? 그렇다. 말이 된다.
인식되는 시간. 객관과 주관에 걸쳐 있다.

시간時間의 상대성相對性.
아인슈타인 얘기가 아니다.
애인과 밀어蜜語 나누는 한 시간과
빚쟁이에게 변명하는 한 시간이 같다더냐?*

세월이 악하단다.
헛된 일에 몰두하면서 사는 동안에,
의미 있게 보낼 시간은 사라진다.
그래서 거기 휩쓸리면 그분 뜻대로 못 산단다.
말세의 세상엔 그런 유혹이 있다는 거다.

* "'아름다운 여인과 앉아 있으면 한 시간이 1분 같지만, 뜨거운 난로 옆에 앉아 있으면 1분이 한 시간 같다. 그게 바로 상대성이다.' 아인슈타인의 얘기로 널리 회자되는 인용구이지만, 1929년에 미국의 한 신문 기자가 기사에서 처음으로 쓴 얘기입니다. 여기에서는 상대성이 마치 심리적인 현상인 것처럼 말하는데, 이는 아인슈타인의 상대성 이론과 다릅니다." 홍성욱, 『홍박사의 과학 일단 상상하자』 (고양: 나무나무, 2017), 17.

마지막 때.
경건하지 않은 정욕情慾대로 산단다.
그걸 따라 행하는 사람들이 많이 생겨난단다.
세상이나 세상에 있는 것들에 마음 뺏겨
눈은 보아도 만족함이 없고 귀는 들어도 성에 차지 않는단다.
그래서 모든 만물에 끌리는 마음의 피곤함
말로 이루 다 할 수 없게 된단다.

이른 새벽. 강물처럼 흐르듯 비추는 자동차의 불빛.
어둠 가시지 않은 시간. 어디로 바삐 달려가는 걸까?

◆

꼬꼬꼬옥꼬.
그 많은 암탉들. 잠을 안 잔다.
환한 백열전구 밤새도록 켜 두기 때문이다.
한밤중에도 모이를 준다.
어린 시절 보았던 양계장의 밤이다.

닭이 알을 낳는다.
끙끙, 애를 쓰고 배에 힘도 주겠지?
닭장 앞 철제 선반에 달걀 하나씩 굴러 모인다.

여기도! 저기도! 또 거기도!
양계장 주인 깊이 잠들어도 닭들은 알을 낳는다.
잠자는 동안에도 돈을 번다. 주인 양반 부자 되겠네?

백열전구도 힘이 딸리나 보다.
몇 개 필라멘트 불빛 밝아졌다 어두워졌다 한다.

양계장의 밤 시간은 새벽을 향해 간다.
주인은 잠을 자고, 암탉은 알을 낳는다.
돌아오는 건 사료 한 줌.
부화시키지도 못할 알 낳기.
가여운 닭들.
그러다 퇴출되어 폐계廢鷄로 팔려 갈 줄,
그 닭들은 아는지 모르겠다.

우리는 어디로 달려가는 걸까?
밤낮없이 몸과 맘 바쳐 낳은 달걀은 누가 가져가나?

우리는 왜 일하는 걸까?
더 많은 것을 갖기 위해 정신없이 일한다.
바쁘다. 가족과 함께 있을 시간조차 없다.
쉴 새 없이 일했으니 보상을 받아야지.
먹방에 놀방, 멋방, 벗방, 갈방, 노래방까지 방도 많다.

소비는 노동을 재촉하고,
정신없이 일하지만 여가도 자유도 없다.
이미 가진 것 잃지 않으려고,
아직 못 가진 것 갖고자 일하느라고 쉴 틈 없다.

감각은 진화하고, 생각은 퇴화한다.
온갖 물상物像에 감각이 홀릴 땐 마음 가볍다.
잠시 인생의 허무함을 잊기 때문이다.
그러나 거기엔 무거운 인생에서 마음 눕힐 안식처가 없다.

생각할 틈. 그게 없으니 생각할 수 없다.
생각이 얇으니 인생의 벽은 두텁다.

인생의 의미. 사색이 필요한데,
자기를 성찰省察하는 시간이 없다.
가치 있는 마음. 가치 없는 일에 많이 허비하느라,
시간은 자기 부상 열차를 탄다.

진짜 바쁘게들 산다.
그러나 그 분주함 속에 참으로 세월은 낭비된다.
세월을 아끼는 길. 가치 있는 일에 더 많은 시간을 쓰는 거다.
가치 적은 일에는 조금만 쓰고,
무가치한 일에는 안 쓰는 거다.

그렇게 사는 사람 일찍 죽어도 오래 산 거고,
반대로 사는 사람 늦게 죽어도 짧게 산 거다.

그대가 20대라고?
서른에 죽는다면 무섭고 서럽지 않겠는가?
그런데 많은 사람이 목숨으로는 80까지 살아도,
의미로는 서른까지밖에 못 사니, 안타깝지 않은가?

세월歲月을 아껴라.
길 끝에 선 노학자가 말한다.
젊은이는 늙을 줄 알고, 늙은이는 죽는 줄 알란다.
한 마디 더 보탤까?
죽은 자는 자기가 왜 그렇게 살았는지
그분께 고해야 한다.

하나님을 사랑했던 사상가, 조나단 에드워즈.
그의 결심문에서 밝혔다.
매 순간을 세상의 끝 날인 것처럼 살자고.*
매 순간 주님이 오셔도 계속하고 있을
그 일을 하며 살자고 결단했단다.

인생길.
세월은 가고 시간은 흘렀다.
진지하던 시절엔 부지런했으나 길 못 찾아 헤매느라고,
길을 찾았을 땐 간절한 마음 없어서 그랬다.

열심 있을 땐 지혜智慧가 부족했고,
지혜가 생겼을 땐 그렇게 살 힘이 없게 된다.
쇠털같이 많은 날 진짜 의미 있게 산 날은 며칠이나 될까?
내 인생. 참사랑으로 하얗게 불태운 날은 얼마나 될까?

* "1. 나의 전 생애 동안 하나님의 영광과 나 자신의 행복과 유익과 기쁨에 최상의 도움이 되는 것이라면 무엇이든지 하자. …7. 내 생애 마지막 순간이라고 가정했을 때, 꺼려지는 일이라면 그 어떤 것이든 절대로 하지 말자." Jonathan Edwards, "Resolutions," in *The Works of Jonathan Edwards*, vol. 16, ed. George S. Claghorn (New Haven: Yale University Press, 1998), 753.

◆ ◆

밀레의 《만종》晩鐘.
들판에서 농사일을 끝낸 저녁.
부부가 감자 캔 바구니 놓고 함께 기도한다.

저 멀리 지평선 끝에 예배당.
두 사람. 저녁 종소리 듣고 기도하나 보다.

노동 없이 경건敬虔 없다.
참된 경건은 노동하게 한다.
은혜 받으면 땅 파러 간다는 뜻 아니다.
밥값 하며 살라는 뜻도 아니다.

모든 것 다 가지신 그분. 밥 한 사발 아까우셨을까?
야박한 사람들은 그리 말해도 그분은 그러시지 않는다.
아버지는 탕자 위해 잔치도 베풀었는데.

우리 아들 게으르다고 밥 한 사발 아깝더냐?
우리 딸 빈둥거린다고 국 한 그릇 아끼고 싶더냐?
하나님은 그런 분이 아니시다.
아니다. 그게 아니다.
우리 복되게 하시려고, 게으르게 살지 말라고 그러시는 거다.

애야! 그만 불 좀 끄거라.
이달 전기세 좀 아끼자꾸나.
단칸방. 할머니 목소리가 불편하다.
불 끄고 이불 속으로 들어간다.
손전등을 켠다.

내 나이 열여덟 살 때.
포켓판으로 된 영어 소설.
재밌다. 시간 가는 줄 모른다.
저자도, 제목도 가물가물.
녹색 표지와 촌스러운 그림,
빛바랜 책 모서리만 기억에 희미할 뿐이다.*

무역상을 하는 남편.
허영심 가득한 아내가 선물 사오란다.
돌아오는 뱃길에 가장 소중한 선물 사오란다.
우직하고 성실한 남편 고민을 한다.

으음, 아내 귀한 선물.
뭐가 제일 소중한 걸까?
고민 끝에 순진한 두 눈이 반짝인다.
오른손 두 손가락을 튕긴다.
아, 생각이 났다. 그거야!

집에 돌아오는 날.
배는 바다를 뒤로 하고 강 하구로 들어섰다.
큰 강줄기 거슬러 상류 쪽 나루터로 향한다.
나루터. 한껏 멋부린 아내 마중 나와 있다.
길고 흰 장갑에 작은 양산 받쳐 쓰고.

여보! 여기야 여기!
세 손가락 새빨간 입술에 연신 붙였다 떼며 손을 흔든다.
사랑해, 기다렸어! 그런 뜻이다.
진짜? 그녀는 뭘 기다린 걸까?

---

* 다음에 이어지는, 제목도 저자도 기억나지 않는 작은 소설책의 세부적인 스토리는 희미한 기억을 토대로 다시 서술한 것이다.

드디어 배는 강가에 접안했다.
둘은 뜨겁게 해후한다.
뜨거운 포옹은 잠깐. 이내 속사포처럼 빠른 말로 묻는다.
여보, 내 선물, 내 선물 사 왔어? 어딨어?
여기 사 왔어.
손에 쥐여 주는 대신 배 갑판을 가리킨다.

그게 뭔데?
당신이 제일 소중한 거 사 오라고 해서,
가난하던 시절에 우리 살려 준 저거.
제일 소중해서 자기 주려고 준비했어.
그게 뭐냐고?
으응, 밀이야. 고마운 밀.

갑판 위에 쌓인 밀 포대.

아내의 눈에서 고성능 레이저가 나온다.
양산 패대기치며 온갖 험한 말을 퍼붓는다.
제 성질 못 이겨 밀 포대 자루 끌어다가 강변에 부어 버린다.
힘도 세시네!
성질머리가 체력을 부르나 보다.
여러 자루 끌어다가 강변에 부어 버렸다.

아직도 분이 안 풀렸나 보다.
땅바닥에 주저앉아 울음을 터뜨린다.
아이고, 내 팔자야. 저것도 서방이라고.
그렇게 젊은 날 가난한 집안에 시집와서,
온갖 고생 다 했는데 선물도 안 사 오고.
서러운 내 신세 어쩔거나. 아마 그랬을 거다.

해가 바뀌었다.
후덕하던 남편은 세상을 떴다.
극도로 가난해진 그녀.
지질히 가난해져서 떠도는 신세 되었단다.
정처 없이 돌아다니다가 그 강변에 왔단다.

드넓은 벌판에 잘 익은 밀 이삭.
추수의 계절. 남편 생각에 그리워 울고,
자기 어리석음에 슬퍼서 흐느꼈단다.

쥘 마스네 《타이스의 명상곡》.
방탕했던 여인 타이스가 허무한 자신의 삶을
반추하는 장면이 떠올라 더 애틋하다.*

♦♦♦

인생 가장 짧게 사는 비결.
사치 奢侈와 허영 虛榮 속에 사는 거다.
세월은 자기를 속이고 탐닉 속에 시간은 흐르기에,
시간이 짧아지는 게 아니라 의미가 줄어드는 거다.

그건 탐욕의 도움이 필요하고,
탐욕은 가치에 대한 착시를 요한다.
그걸 학식 있는 말로 표상 表象이라고 한단다.
인간의 중추 신경계를 매개로 한단다.
참으로 있는 것이 인간의 관념 속에 반영된 형태란다.**

---

* Jules Massenet 작곡, 《오페라 타이스, 타이스의 명상곡》(Opera Thais: Meditation), Maxim Vengerov(violin) 연주.

** "인간을 포함한 고등 동물의 중추 신경계를 매개로 하여 이루어지는 객관적 실재의 관념적 반영 형태. 표상은 대상을 그 성질 및 관계와 함께 감각적, 전체적으로 모사한 것이다. 그러나 표상은 지각(Wahrnehmung)과는 달리, 현재 감각기(感覺器)에 작용하는 대상을 직접 모사한 것이 아니라, 먼저 지각된 대상을 재생한 지각상(知覺像)이다." 한국철학사상연구회 편, 『철학 대사전』(서울: 동녘, 1992), 1349.

그것 때문에 사물의 가치를 올바르게 보지 못하는 거다.
지성의 판단 흐리게 하는 표상,
그건 욕망慾望 때문에 생기는 거다.
그래서, 별로 가치 없는 건데 높은 자리에 놓게 된다.
진짜 중요한 건데 하찮게 여겨 낮은 자리에 놓게 된다.
심지어 버려야 할 악인데
붙잡아야 할 선으로 여겨 목숨을 건다.
뒤집힌 질서에 대한 사랑.
그게 인간의 악惡이다.

어느 유명 설교자가 그랬단다.
누가 자기보고 한 나라의 임금이 되라면 대답할 거란다.
그런 사소한 일에 신경 쓸 시간이 없다고.

그 사람, 더 가치 있는 일을 발견한 거다.
잃어버린 영혼 구하려 복음 전하는 것.
방황하는 양 떼들 구원하는 일 말이다.

인간의 일생은 편지를 쓰는 거다.
자기가 사랑하는 대상에게.
세상에 쓴 편지는 답장이 없다.
그대는 세상을 사랑하지만, 세상은 그대 사랑하지 않기에.
답장이 없는 건 변심變心의 증거다.

세상에 대한 사랑.
그것은 사실상 없는 것에 대한 사랑이란다.

그건 모두 아버지께로부터 온 게 아니란다.
없어질 세상으로부터 온 것이기에,
세상도 그걸 사랑하던 정욕情慾도 다 지나간단다.
그분의 뜻대로 사랑하는 자만, 영원히 있을 거란다.*

태어나는 것.
우리가 결정한 게 아니다.
언제 죽을지 누가 알겠나?
자살 계획 세우지 않는 한 우린 모른다.
그래서 내일은 우리 날이 아니다.
숲속 새 열 마리보다 손안에 있는 한 마리가 더 낫다는
영국 속담도 그래서 생겨났나 보다.

---

* "이는 세상에 있는 모든 것이 육신의 정욕과 안목의 정욕과 이생의 자랑이니 다 아버지께로부터 온 것이 아니요 세상으로부터 온 것이라 이 세상도, 그 정욕도 지나가되 오직 하나님의 뜻을 행하는 자는 영원히 거하느니라"(요한일서 2장 16-17절).

백발의 노인.
중얼거렸단다. 영문학자.
모르겠어. 모르겠어.
존 키츠를 평생 연구했건만,
그의 시$_{詩}$ 세계 너무 심오하단 말이야.
그 학자는 90세 노인이란다.
키츠는 25세에 죽었다.

22살 존 키츠.
스코틀랜드 서부 해안 이너헤브리디스 제도.
아이오나섬과 스타파섬.
가장 높은 봉우리 오르면서
정신의 고양을 경험했을 거란다.*

게으름에 익숙한 나야말로 어떤 계기가 필요하지 않을까?
정신의 고양$_{高揚}$.
익숙해진 삶의 자리를 한번 떠나 보면 어떨까?

어이! 게으름 그만 피우고
이번 주말엔 동네 뒷산이라도 오르면 어떨까?
혹시 아나, 새로운 결심이라도 생길지….

게으른 내 모습에 고단한 예수의 모습 겹쳐진다.
새벽. 날이 밝기도 전부터 기도하셨지.
기적으로 보리떡 물고기 먹일 땐 사람도 많았는데.
나무에 매달려 죽으실 땐 혼자셨다.

게으름으로 낭비한 날들.
다시 돌아오지 않을 나의 시간들.
아아, 남은 날을 어찌 살아야 하나?

깊은 밤.
어디선가 구급차 지나가는 소리 다급하게 들린다.

* Kelvin Everest, "Keats, John," *Oxford Dictionary of National Biography*, vol 30, eds. H. C. G. Matthew, Brian Harrison (Oxford: Oxford University Press, 2004), 987.

7

시크릿 약국

시크릿 약국.
환자들이 줄지어 서 있다.
딴 데서 못 고치는 병. 이 약국에서 고쳐 준단다.
의사 처방전도 없이 약사(藥師)가 직접 지어 준단다.
그럼 진단은 누가 어떻게 하지?
궁금한 게 한두 가지가 아니다.
다 비밀이다. 그래서 시크릿(Secret) 약국이란다.
약국을 나왔다.
대낮인데 안개가 자욱하다. 숲속 한가운데 있는 약국.
어? 분명히 올 때 이 길 따라 왔는데. 막상 약 들고 나오니 길이 없다.
또 긴 줄 늘어서 기다리던 사람들은 어딜 간 걸까?

게으른 손바닥은 사람을 가난하게 만들고
부지런한 손은 부를 가져오느니라

רָאשׁ עֹשֶׂה כַף־רְמִיָּה וְיַד חָרוּצִים תַּעֲשִׁיר׃

잠언 10장 4절, KNJ 私譯

시크릿 약국.
환자들이 줄지어 서 있다.
딴 데서 못 고치는 병. 이 약국에서 고쳐 준단다.
의사 처방전도 없이 약사藥師가 직접 지어 준단다.

그럼 진단은 누가 어떻게 하지?
궁금한 게 한두 가지가 아니다.
다 비밀이다. 그래서 시크릿Secret 약국이란다.

고질병.
그거 평생 달고 살던 중년 남성.
전설의 고향 같은 약국에 왔다. 약사와 상담한다.
진찰을 하면서 혼자 중얼거린다. 고개 좌우로 흔든다.
중증重症이네. 이거 고치기 쉽지 않겠는걸.

심각합니까? 가망 없나요?
환자는 낙심한 표정으로 묻는다.
시크릿 약사는 대답이 없다. 바쁘게 약만 짓는다.

잠시 후, 탁자 위에 약봉지 올려놓는다.
얼굴은 쳐다보지도 않는다.
제기랄, 친절이라곤 눈곱만큼도 없네.
그나마 무속인처럼 반말은 안 하니 다행이다.

아무튼 최선을 다해 지었습니다.
약 다 드시고도 차도가 없으면, 더 이상 방도가 없습니다.

그러면, 이게 다 내 운명이려니 하고 살라는 건가?
그럼 이 약이 마지막 희망이구나.

◆

약국을 나왔다.
대낮인데 안개가 자욱하다.
숲속 한가운데 있는 약국.
어? 분명히 올 때 이 길 따라 왔는데.
막상 약 들고 나오니 길이 없다.
또 긴 줄 늘어서 기다리던 사람들은 어딜 간 걸까?

아, 지금 그게 문제가 아니지.
무슨 약인지 어디 볼까?

고이 접은 약봉지.
펼치자 큼직한 환약이 세 개 나왔다.
하나는 금색, 또 하나는 은색, 나머지는 검은색이다.
환약이다. 큰 글씨로 이름이 적혀 있다.

이게 뭔 약이람?
이거 먹고 게으름이라는 내 고질병을 고친다고?

첫 번째 환약.
가난이라고 써 있다.
뭐, 이게 게으름 고칠 처방이라고?
아니, 그건 차라리 게으르게 산 결과 아닐까?

부지런히 살아도 가난할 수 있다.
잘못된 사회 구조나 겹치는 불운으로 그럴 수 있지.
성실해도 여전히 가난한 사람 많지 않은가?

빈곤층에서 중산층으로 가는 사다리가 많지 않단다.
나라도 이웃도 힘 합쳐서 도와주어야 한다.
그런데 부유해도 게으르면 가난하게 된다.

성경에도 나온다.
손을 게으르게 놀리는 자는 가난하게 되고,
손이 부지런한 자는 부하게 된단다.
게으른 사람. 좀 더 자자, 좀 더 졸자,
손을 모으고 좀 더 누워 있자 한단다.
그러면 빈궁이 강도같이, 곤핍이 군사처럼 이른단다.*

강도는 예고 없이 들고,
적군은 밀물처럼 몰려온다.
강도에는 대비책 세울 틈 없어 당하고
밀려오는 군사의 큰 무리에는 중과부적이라 패한다.

가난과의 싸움.
게으르면 백전백패, 임전필패라는 말이다.
아아, 끔찍하다.

성경에서 말하는 복.
하늘에서 뚝 떨어지는 금시발복今時發福? 그거 아니다.
가장 중요한 복. 손이 수고한 대로 거두는 거다.
수고할지라도 열매가 없게 된 것이 징벌이 아니더냐?

약사가 왜 이런 약을 주었을까?
아하, 정신 차리라는 뜻이었구나.
게으른 내게 다가올 가난에 대한 경고!

---

* "네 빈궁이 강도같이 오며 네 곤핍이 군사같이 이르리라"(잠언 6장 11절).

게으름은 병이다.
사랑을 찾지 못한 마음의 병이다.
게으름은 타락한 버릇이니,
그거 못 고치면 가난이 몰려온다.
어찌하든지 그 병을 고쳐라.
그래야 사람답게 산단다.

아하, 그런 뜻이었구나!
시크릿 약사의 처방이 오묘하다.

나는 가난이 무섭지 않다.
오랜 세월 동안 가난에 연단 받아왔기에.

그런데 가난이 불편하기는 하다.
때로는 가슴 아프기까지 하니,
사랑하는 혈육血肉을 돌볼 수 없을 때다.

그때 가난은 고통스럽기까지 하다.
너무 사랑하는 사람 치료비 없어서 먼저 보낼 때,
어린 자식 배곯을 때,
그 마음 뼈만 남은 까마귀 되어
사망의 골짜기를 떠돌 게다.

◆◆

슈우욱! 쾅!
아아악! 와와와~
민주화 열기 가득하던 때였다.
우리 아들 최루탄 가루에 기관지가 망가졌다.
이제 막 돌 지난 아기가 많이 아팠다.

몹시도 가난하던 시절.
집주인에게 사기 당해 셋집에서 쫓겨날 처지까지 되었다.
병원 데리고 다니기가 버거웠다. 가진 돈 없어서.

알약 하나에 1,500원.
담당 의사 선생님 말해 준다.
우리 병원 약은 너무 비싸니
싸게 파는 약국 찾아 사서 보태 먹이세요.
우리 얼굴에 써 있었나 보다. 가난한 사람들.

마른 아내의 창백한 얼굴.
현실은 서서히 불 꺼지고 회상回想엔 불이 들어온다.
그때 그녀의 모습이 음악의 물결 위에 어른거린다.
아르보 패르트의 《거울 속의 거울》.
피아노 선율에 첼로가 흐느낀다.* 나는 울고 있다.

신학교 시절.
학교 문이 굳게 닫혔다. 민주화 시위로 휴교.
나는 공부에 매진했다. 하루 열다섯 시간.
내 고통은 헤아려 주는 사람 없이 깊어져 갔다.

우리 부부.
아이 하나 업고 메마른 사막을 걷는 듯했다.
쓴 물이라도 맛볼 수 있었던 이스라엘 백성이 부러웠다.[**]

나는 뙤약볕 아래서,
칠흑 같은 어둠의 시간을 걷고 있었다.
그래, 그 말이 딱 맞다.

---

[*] Arvo Pärt 작곡, 《거울 속의 거울》(Spiegel im Spiegel), Leonhard Roczek(cello), Herbert Schuch(piano) 연주.

[**] "마라에 이르렀더니 그 곳 물이 써서 마시지 못하겠으므로 그 이름을 마라라 하였더라"(출애굽기 15장 23절).

아침 식사를 마치면,
아내는 아이를 업고 동네 예배당에 갔고
나는 가방을 메고 학교에 갔다.
그녀는 하루 종일 기도했다. 나도 부르짖었다.
경건해서가 아니었다. 할 수 있는 게 그것밖에 없었기에.
으음, 첼로 소리가 슬픈 내 마음을 울린다.
마치 아이 울 때 등 어루만져 주는 엄마의 손길 같다.

아무도 없는 교정.
나는 학교 연구실로 간다.
점심도 거른 채 공부하고 일어났다.
방안이 우주선이 된 듯하다. 빙글빙글 돈다.
한 해 동안 세 번 쓰러졌다.
그땐 무슨 병인지도 몰랐다. 영양실조였다.

공부를 마친 저녁.
채플실을 찾는다. 텅 빈 공간空間엔 아무도 없다.
내 영혼 숨 쉴 수 있는 유일한 시간.
곱게 접었던 영혼은 날개를 편다.

날아라, 날아라.
내 사랑하는 주님께로 가자.
심정은 그분의 보좌로 날아간다.

마음 쏟을 때 눈물도 함께 쏟아진다.
심장은 녹아내린다.
살고 싶은 욕심도 죽고 싶은 교만도 모두 흘러내린다.
그렇게 나 자신을 의지依支할 마음을 버린다.

어디선가 들리는 주님의 음성.
너는 내 것이라 내 것이라.*

무엇 때문일까?
신기했다. 작은 도움조차 주는 이 없었다.
찾아보지는 않았지만 도움을 주었다면 받았겠지?
왜 그랬을까? 왜 내게만 그리 혹독하셨을까?
아마 당신만을 의지하게 하려고 그러셨나 보다.

* 윤형주 작사·작곡, 《너는 내 것이라》, 윤형주 노래.

게으른 적이 없건만,
그렇게 나는 가난하게 됐다.
그 길도 내가 가야 할 길. 양심良心은 자유로웠다.
자유는 기도에 날개를 달아 주었다.

사명을 위해 가난해졌다면,
그대의 게으름 탓이 아니다.
그분이 사랑하는 자에게 고난을 주시지 않는가?
고난 당한 것이 유익하니
이로써 주의 율례를 배웠다지 않는다?*
오히려 영혼 자유롭게 날아오르지 못함을 더 두려워하라.

자, 떡이요. 떡이.
오늘 팔다 남은 것 거저 주는 떡이요.
사단이 좌판을 벌였다. 많은 구경꾼들 모였다.

세상밖에 없는 줄 알고 사는 사람,
하나님 사랑하다 변절한 사람,
사명 따라 살다가 미끄러진 사람.
별의별 사람들 다 모였단다.

모두들 무얼 살까 이리 기웃 저리 기웃거린다.
파는 놈이나 사려는 인간이나 한통속이다.

배교, 살인, 간음, 허영, 탐욕, 거짓말, 폭행, 교만.
품목마다 비싼 가격표가 붙어 있다.
그걸 사려면,
더 많이 자기 영혼을 팔아야 한단다.
메피스토펠레스에게 영혼을 판 파우스트처럼.**

천상天上의 서곡.
양극성을 지닌 파우스트.
하늘에서는 더없이 아름다운 별을 원하고
땅에서는 지고의 쾌락을 원하니,
그 요동치는 마음을 달래 줄 게 세상에 없었단다.***

사단. 빌어먹을 자식!
그런 사람들의 마음을 사냥하려는 거였다.

---

* "고난 당한 것이 내게 유익이라 이로 말미암아 내가 주의 율례들을 배우게 되었나이다"(시편 119편 71절).

** 요한 볼프강 폰 괴테, 『파우스트 1』, 정서웅 역 (서울: 민음사, 1999), 93-103.

*** 요한 볼프강 폰 괴테, 『파우스트 1』, 정서웅 역 (서울: 민음사, 1999), 23.

원 플러스 원 사은품 행사란다.
뭘 사든지 하나 더 주고,
게다가 공짜로 사은품까지 준단다.
으응? 그 사은품이 뭔데? 게으름이란다.

공짜라면 양잿물도 마다하지 않는다며?
공짜 좋아하는 마음. 영혼 거래에서도 발동하나 보다.

예수 믿기에 게으른 자가 배교背敎하고,
미움과 싸우기 게을렀던 자가 살인한다.
순결하기에 게으른 자가 자기 더럽히고,
절제하기 게을렀던 자가 허영에 빠진다.
진실하기에 게으르므로 거짓말하는 거다.

게으름.
하나님 사랑하지 않는 영혼의 병듦이다.
게으른 것만큼 자기를 그릇되게 사랑하는 거다.
선한 일에 열심 낼 수 없게 하는 괴질이다.

그 병든 마음. 생각하는 모든 것을 오염시킨다.
몸만 아니라 정신도 핍절하게 한다.

영혼은 어둠 속을 헤매이니,
사랑해야 마땅한 사람 미워하고,
열렬해야 할 일에 냉담冷淡해진다.

첫 번째 환약.
금빛 옷을 입었으나, 그건 가난에 대한 경고였던 거다.

◆◆◆◆

두 번째 환약. 이건 또 뭘까?
은빛 알갱이. 약 알이 더 굵다.
이름이 적혀 있다. 고통苦痛.

게으름에 대한 두 번째 처방이 고통이라고?
고통을 먹으면 게으름이라는 놈의 고질병이 물러간다고?
이놈의 시크릿 약사! 이게 말이야, 막걸리야?

잠시 후. 환자는 깊은 생각에 잠긴다.
다행이다. 그가 아직 머리까지 병들지는 않았나 보다.
아하, 이건 치료제가 아니라 정신 차리라는 처방이구나!
게으른 후에 고통이 온다는 거다.
햇빛 사라지면 어둠이 찾아오듯.

병원 복도.
아침부터 아픈 사람들이 많이 모였다.
복대 칭칭 감고 링거 매단 채 휠체어에 앉은 노인,
목발 짚고 깁스까지 한 아주머니,
허리 통증으로 한쪽 뻗정다리 된 어린 학생까지
마치 통증 환자 전시관 같다.
내가 그들 중에 있다.

무뚝뚝한 간호사. 퉁명스럽게 종이 한 장 내게 내민다.
설문지? 통증의 정도를 표기하란다.
곧 돌아가실 듯하면 10번, 살짝 아프면 1번이란다.

도대체 몇 번을 찍어야 하나?
죽을 정도 아니니 10번은 제외!
8번이라고 찍자니 엄살떠는 것 같고
5번 찍자니 의사가 대수롭지 않게 여길 것 같다.

어이쿠! 목덜미를 잡는다.
그거 고르느라고 두통이 난다.
이 통증은 몇 번에 찍어야 하나?
에잇, 할 수 없이 7번에 찍는다.

그런 질문지 소용없는 사람이 있다.
신경神經 자체에 이상이 온 사람이다.
통증을 못 느낀단다. 온몸 망가져도.
경광등 끊어진 과속 차량
브레이크까지 망가진 것처럼.

육체만 그런 게 아니다.
사람의 마음도 그러하단다.

그래서 불도장 맞은 양심이 있다고 했던가?
더러는 양심에 화인火印 맞아
외식함으로 거짓말하는 사람이 그렇단다.*
죄에 담대해지기도 하고,
돌같이 굳은 마음이 되기도 한단다.

게으름.
제 몸 좀 편하자는 데서 나온 거다.
부지런히 사는 게 얼마나 힘들지 알기에.
잘못하다가 건강 잃을 줄 알기 때문이다.
나 죽으면 다 무슨 소용이 있나?
그래, 그런 마음에서다.

그러나 정신을 차려라!
모두 틀린 생각이다.
뜻있는 인생을 살고 싶으면 부지런해야 한다.
항로가 인생길이라면 노를 젓는 것은 사는 것이다.

뭐든지 제대로 하려면 전투 정신을 가져야 한다.
즐기게 되기 전까지 그런 정신이 필요하다.
그래서 취미 생활도 부지런한 사람이 즐긴다.
게으르게 실천하면 재미 느끼기도 전에 집어치울 것이기에.

* "자기 양심이 화인을 맞아서 외식함으로 거짓말하는 자들이라"(디모데전서 4장 2절).

부지런한 삶.
자신과의 싸움이 필요하다.
하지만 게으른 삶에는 노력努力이 필요 없다.

한여름 음식 보존하려면 조치가 필요하다.
냉동, 냉장, 염장, 훈건, 건조, 진공 포장.
그런데 상하게 하기 위해선 딱히 조치가 필요 없다.
여름날, 그냥 밖에 내버려 두면 된다.
이틀 만에 곰팡이 하얗게 슬 게다.

한순간 편한 게으름.
그게 쌓이고 쌓여서 고통苦痛이 된단다.
게으름은 곗돈 붓기.
그 계 타는 날 고통 듬뿍 안게 될 게다.

게으름.
그놈의 정체를 알고 나면 용납할 수 없다.
그래서, 게으름은 자기를 숨긴다.
진리와 양심의 빛으로부터 정체를 숨긴다.
그 발생과 진행 과정, 결말까지 꽁꽁 감춘다.
그걸 알고 나면 가슴에 품을 리 없기에.

아무리 잠결이라지만,
통나무만 한 뱀을 끌어안은 줄 알았을 때,
어찌 한쪽 다리 얹고 더 자겠는가?
그리해 보시렵니까?
끔찍한 비유에 마른 침을 삼킨다. 꼴깍.
보는 이 없는데 좌우로 고개를 젓는다.

마지막. 세 번째 환약.
이건 뭘까? 진짜 궁금하다.
검정색. 역시 알갱이가 굵다.
여기도 약 이름이 써 있는 듯. 잘 안 보인다.

어디 보자! 뭐라고 써 있나?
글씨가 잘 안 보인다.
햇빛에 비춰 다시 본다.
밝은 빛에 희미한 음각 글씨가 나타난다.

책망責望. 이건 또 뭔 처방인가?
게으름에 특효약이 책망이란다.
가만히 생각한다. 알아들을 듯하다.
게으름은 그냥 불편하게 하는 습관이 아니란다.
야단맞아야 할 죄罪라는 거다.

게으른 사람.
성경을 펼쳐 본다.
펼쳐진 두 쪽이 소리친다. 이게 몇 년 만에 보는 햇빛이더냐!
말씀. 게으른 자 뒷덜미를 잡아채서 자기를 보게 해준다.
보아라, 이 미련한 사람아!

또 형제들아, 너희를 권면하노니 게으른 자들을 권계하며,
마음이 약한 자들을 격려하고,
힘이 없는 자들을 붙들어 주며,
모든 사람에게 오래 참으라.*

* "또 형제들아 너희를 권면하노니 게으른 자들을 권계하며 마음이 약한 자들을 격려하고 힘이 없는 자들을 붙들어 주며 모든 사람에게 오래 참으라"(데살로니가전서 5장 14절).

◆◆◆◆◆

캄캄한 밤.
아무것도 뵈지 않는다. 더듬는 내 손조차 보이지 않는다.
칠흑 같은 어두움.
여기가 어딘가? 무엇이 있는가?
그때다.

푸지지직 찌칙,
번쩍번쩍 버버언쩍. 치지직.
연달아 번개가 친다.
유명 인사의 기자 회견 플래시 세례처럼.
연속된 섬광에 비추인 물상物像 드러난다.

깊은 산속.
보인다! 여기는 언덕, 저기는 큰 바위, 거기는 큰 소나무,
길 잃은 초라한 내 모습까지.

권계勸戒하다.
혼내 주라는 거다.
접줘서 타이르라는 뜻이다.
고전 그리스어에서도 그런 뜻으로 쓰였단다.*
그건 또 무슨 소리일까?

마음이 연약하다고?
그런 사람은 격려해 주란다.
부족한 거 보지 말고 잘하는 거 보아주란다.
그의 마음이 매우 약하니까.
모자라도 칭찬해 주고 힘 북돋워 주라는 뜻이란다.
잘할 수 있을 거라고 타일러,
살아갈 용기 주란다.

힘이 없다고?
그런 사람 타박하지 말고 붙들어 주란다.
전우 죽이고 부상당한 적군
목덜미 잡고 질질 끌고 가듯이 그리하지 말고,
사랑하는 마음으로 붙잡아 주라는 거다.

불쌍히 여기는 마음으로 꼬옥 잡아 주란다.
징검다리 함께 건너는 애인 손목 잡아 주듯이.

* H. G. Liddell, R. Scott, eds., *A Greek-English Lexicon* (Oxford: Clarendon Press, 1996), 1182.

주님 섬기다가
별 이상한 사람 만났다고?
그 사람 그냥 오래 참아 주란다.
사랑은 언제나 오래 참기에 온유하란다.*

꽈꽝, 꽝, 꽈아앙!
아까 때린 번개의 세례.
이제야 천둥소리 되어 울린다.

여기저기 포탄 떨어지는 소리. 마음으로는 탈영병이 됐다.
쪼그려 앉아 두 손 머리에 올린다.
두 팔 이두박근으로 양쪽 귀마개 삼는다.
뭔가 불길한 예감豫感.
새로운 깨달음이 줄 무게.

그럼 게으른 사람은 어떻게 대하라시더냐?

약한 자 격려하고,
힘없는 자 붙들어 주라며?
그러면 게으른 자에게는 어떻게?

충격이다.

혼내 주라고 하신다!

겁을 줘서라도 고쳐 주란다! 그 게으름.

게으른 자에겐 국물도 없단다.

이는 책망을 약처럼 사용해서,

그도 멸망하지 않고 또한 그가 남을 파멸하게 하는 도구도 되지 못하게 하기 위함이란다.**

---

* "사랑은 오래 참고 사랑은 온유하며…"(고린도전서 13장 4절).

** "그들이 멸망하지 아니하도록 다른 사람들 또한 멸망에 이르지 아니하도록, 우리는 엄한 책망을 모든 사람들에게 약으로 사용해야 한다"(*omnibus, ne pereant, vel ne alios perdant, adhibenda est a nobis medicinaliter severa correptio*…). Aurelius Augustinus, *De Correptione et Gratia*, 16. 49, in *Patrologia Latina*, vol. 44, ed. J. P. Migne (Paris: 1865), 946.

이런, 제기랄!
오랜만에 사은품으로 받은 게으름인데
이토록 끔찍한 대가를 치르다니.
그것도 모르고 공짜라고 좋아했었지.
아하, 공짜가 사람 잡네.

악하고 게으른 종아!

달란트 맡은 종의 비유. 예수 말씀하신다.
섬광처럼 스치고 지나가는 장면이다.
악한 종이 게을렀단다.
게으름은 악의 또 다른 형태였구나.*
악은 선을 대적對敵한다니,
하나님 사랑하는 사람이 열렬히 살았던 이유 이제 알겠다.

예수. 액체의 삶을 사셨단다. 땀, 눈물, 피.
당신의 몸. 우리 위해 밝힌 양초였으니,
탈 대로 다 타셨으니 타다 말지 않으셨던 거다.
그래, 타오르지 않을 거면 불붙지도 않으셨을 게다.
불꽃처럼 자기를 태우신 생애였다.
그분에게 게으름은 천국의 사전에 없는 낱말이었다.

깊은 밤.
예배당에서 기도하고 돌아오는 길.
겨울비가 내린다.
뺨을 적신다.
안 흘렸더라면 좋았을 내 눈물처럼 비가 내린다.

* "그 주인이 대답하여 이르되 악하고 게으른 종아 나는 심지 않은 데서 거두고 헤치지 않은 데서 모으는 줄로 네가 알았느냐"(마태복음 25장 26절).

에필로그

꽃잎이 떨어진다.
길과 하늘 사이를 연분홍빛으로 물들이던 벚꽃들.
그 꽃들은 피어 있는 때가 아니라,
허공에 흩날리는 시간이 절정 絶頂이다.
생명을 끝내며 떨어지는 꽃잎들의 떼춤은
낙화암에서 떨어지는 삼천 궁녀가 아니다.
경사스러운 날 밤하늘에 작렬하는 불꽃놀이다.

늦겨울부터 생명을 잉태했다.
봉오리 맺고 꽃 피던 때.
꽃샘추위와 비바람을 견뎌 왔나니, 이 한순간을 위함이었다.

수많은 관객들이 환호해도 무대의 막은 내린다.
이 길 끝에서, 내 인생의 막도 내릴 것이다.
걸쳤던 무대 의상을 벗고 화장도 지우고 나면
거기는 홀로 던져지는 우주 공간.
있었던 것들은 없고 없었던 것은 나타날 것이니,
그때 몸안에 쏟아지는 엔도르핀은 은퇴식장의 꽃다발이다.

하나님, 내 영혼靈魂을 받으소서!
인생나무. 꽃잎 되어 떨어지는 순간.
아무나 이런 기도를 드릴 수 있을까?
잘 살려고 애쓴 사람만이 그럴 수 있으리라.
하나님의 사랑으로 그렇게 산 사람.

그때 나도 한 장의 예쁜 꽃잎이 되고 싶다.
그대도 나와 함께 푸른 하늘에 나부끼는
어여쁜 꽃잎이 되어지이다.

살아야 할 이유가 죽을 이유만큼 분명한 사람으로 사소서.
그래야 그대 행복할 것이기에.

저 멀리 아이들 뛰노는 소리.
어느새 봄날이 저물어 가는군요.
아아, 누군가에겐 마지막 봄이겠지요?

참고 문헌

국내 도서 및 번역서

가야 게이치, 『부자의 습관』, 김지윤 역 (서울: 비즈니스북스, 2017).

고려대학교 민족문화연구원 국어사전편찬실 편, 『고려대 한국어대사전 (ㅂ-ㅇ)』 (서울: 고려대학교 민족문화연구원, 2011).

국어국문학회 편, 『국어대사전』 (서울: 민중서관, 2001).

김남준, 『게으름』 (서울: 생명의말씀사, 2019).

김남준, 『마음지킴』 (서울: 생명의말씀사, 2015).

김남준, 『싫증』 (서울: 생명의말씀사, 2010).

대한치과근관치료학회, 『근관치료학』 (서울: 예낭아이앤씨, 2017).

명정선, 『부자의 습관 · 빈자의 습관』 (서울: 한스미디어, 2019).

버트런드 러셀, 『게으름에 대한 찬양』, 송은경 역 (서울: 사회평론, 2020).

베르나르 베르베르, 『개미』, 전5권, 이세욱 역 (파주: 열린책들, 2020).

요나스 요나손, 『창문 넘어 도망친 100세 노인』, 임호경 역 (파주: 열린책들, 2014).

요한 볼프강 폰 괴테, 『파우스트 1』, 정서웅 역 (서울: 민음사, 1999).

유교경전번역총서 편찬위원회 편, 『논어』, 유교문화연구소 역 (서울: 성균관대학교출판부, 2008).

이이, "격몽요결"(擊蒙要訣), 『성학집요/격몽요결』, 고산 역해 (서울: 동서문화사, 2011).

전중환, 『진화한 마음』 (서울: 휴머니스트, 2019).

존 로크, 『교육론』, 박혜원 역 (서울: 비봉출판사, 2020).

진덕수, 정민정. 『심경부주』(心經附註), 이한우 역 (서울: 해냄출판사, 2019).

프란츠 카프카. "변신", 『변신·시골 의사』, 전영애 역 (서울: 민음사, 2005).

한국철학사상연구회 편. 『철학 대사전』 (서울: 동녘, 1992).

홍성욱. 『홍박사의 과학 일단 상상하자』 (고양: 나무나무, 2017).

홍자성. 『채근담 1/2』, 임동석 역주 (서울: 동서문화사, 2010).

Hargreaves, Kenneth M. & Cohen, Stephen. *Cohen's Pathways of the Pulp*, 10th, 고현정 외 역 (서울: 엘스비어코리아, 2011).

M. 스캇 펙. 『아직도 가야 할 길』, 최미양 역 (서울: 율리시즈, 2019).

국외 도서

Augustinus, Aurelius. *De Correptione et Gratia*, in *Patrologia Latina*, vol. 44, ed. J. P. Migne (Paris: 1865).

Avgvstinvs, Avrelivs. *Confessiones*, in *Corpvs Christianorvm Series Latina*, vol. 27 (Tvrnholti: Brepols, 1996).

Edwards, Jonathan. *Religious Affections*, in *The Works of Jonathan Edwards*, vol. 2, ed. John E. Smith (New Haven: Yale University Press, 1959).

Edwards, Jonathan. "Resolutions," in *The Works of Jonathan Edwards*, vol. 16, ed. George S. Claghorn (New Haven: Yale University Press, 1998).

Everest, Kelvin. "Keats, John." *Oxford Dictionary of National Biography*, vol 30, eds. H. C. G. Matthew, Brian Harrison (Oxford: Oxford University Press, 2004).

Glare, P. G. W. ed. *Oxford Latin Dictionary*, vol. 1 (Oxford: Oxford University Press, 2012).

Horace. *Odes*, in *Loeb Classical Library*, vol. 33, trans. Niall Rudd (Cambridge: Harvard University Press, 2004).

Liddell, H. G. & Scott, R. eds. *A Greek-English Lexicon* (Oxford: Clarendon Press, 1996).

Seneca. *De Brevitate Vitae*, in *Loeb Classical Library*, vol. 254, trans. John W. Basore (Cambridge: Harvard University Press, 2006).

Shakespeare, William. *The Tragedy of Hamlet*, in *Shakespeares Comedies, Histories, and Tragedies* (London: Isaac Iaggard and Ed. Blount, 1623).

음악

김소월 작시, 조혜영 작곡. 《못 잊어》, 임채욱 노래.
윤형주 작사 · 작곡. 《너는 내 것이라》, 윤형주 노래.
자이언티 작사 · 작곡. 《양화대교》, 자이언티 노래.
Bach, J. S. 작곡. 《평균율 클라비어곡집 제1권, 1번》(The Well-Tempered Clavier Book I, No. 1: Prelude and Fugue in C Major. BWV 846), Lang Lang 연주.

Chopin, Frédéric 작곡. 《피아노 협주곡 제2번, 2악장》(Piano Concerto No. 2 in F Minor, II: Larghetto, Op. 21), Arthur Rubinstein 연주.

Massenet, Jules 작곡. 《오페라 타이스, 타이스의 명상곡》(Opera Thais: Meditation), Maxim Vengerov(violin) 연주.

Pärt, Arvo 작곡. 《거울 속의 거울》(Spiegel im Spiegel), Leonhard Roczek(cello), Herbert Schuch(piano) 연주.

Puccini, Giacomo 작곡. 《오페라 토스카, 노래에 살고 사랑에 살고》(Opera Tosca: Vissi d'arte, vissi d'amore), Angela Gheorghiu 노래.

사명선언문

너희가 흠이 없고 순전하여……세상에서 그들 가운데 빛들로
나타내며 생명의 말씀을 밝혀 _ 빌 2:15-16

1. 생명을 담겠습니다
만드는 책에 주님 주신 생명을 담겠습니다.
그 책으로 복음을 선포하겠습니다.

2. 말씀을 밝히겠습니다
생명의 근본은 말씀입니다.
말씀을 밝혀 성도와 교회의 성장을 돕겠습니다.

3. 빛이 되겠습니다
시대와 영혼의 어두움을 밝혀 주님 앞으로 이끄는
빛이 되는 책을 만들겠습니다.

4. 순전히 행하겠습니다
책을 만들고 전하는 일과 경영하는 일에 부끄러움이 없는
정직함으로 행하겠습니다.

5. 끝까지 전파하겠습니다
모든 사람에게, 땅 끝까지, 주님 오시는 그날까지
복음을 전하는 사명을 다하겠습니다.

서점 안내

광화문점   서울시 종로구 새문안로 69 구세군회관 1층
02)737-2288 / 02)737-4623(F)

강남점   서울시 서초구 신반포로 177 반포쇼핑타운 3동 2층
02)595-1211 / 02)595-3549(F)

구로점   서울시 동작구 시흥대로 602, 3층 302호
02)858-8744 / 02)838-0653(F)

노원점   서울시 노원구 동일로 1366 삼봉빌딩 지하 1층
02)938-7979 / 02)3391-6169(F)

분당점   경기도 성남시 분당구 황새울로 315 대현빌딩 3층
031)707-5566 / 031)707-4999(F)

일산점   경기도 고양시 일산서구 중앙로 1391 레이크타운 지하 1층
031)916-8787 / 031)916-8788(F)

의정부점   경기도 의정부시 청사로47번길 12 성산타워 3층
031)845-0600 / 031)852-6930(F)

인터넷서점 www.lifebook.co.kr